Ciutadella

Alaior

Maó

Menorca

Pollença

Alcúdia

Inca

Nordosten
Seiten 136–155

Artà

Capdepera

Manacor

Llucmajor

Felanitx

Campos

Süden
ten 156–173

Colònia
de Sant Jordi

Santanyí

Mallorca

Cabrera *Cabrera*

Überblick

Die Insel Mallorca erstreckt sich über 3600 Quadratkilometer.
Vom Osten in den Westen sind es 98 Kilometer, vom Norden in den
Süden 78 Kilometer. Die Küstenlänge beträgt 550 Kilometer.

Entlang der Nordwestküste verläuft der Gebirgszug Serra de
Tramuntana, 90 Kilometer lang und 15 Kilometer breit. Der höchste
Berg Puig Major ist 1445 Meter hoch. Elf Gipfel sind über 1000 Meter
hoch.

Im Zentrum der Inseln erstreckt sich die Ebene Pla de Mallorca,
die hauptsächlich landwirtschaftlich genutzt wird. Im Osten (Llevant) erstreckt sich der Gebirgszug Serres de Levant mit vielen spektakulären Höhen, z. B. Coves del Drac (Drachenhöhle). Im Süden
liegt die Hauptstadt Palma mit der berühmten Bucht von Palma.
Von den rund 910 000 Einwohnern der Insel leben 415 000 in Palma.

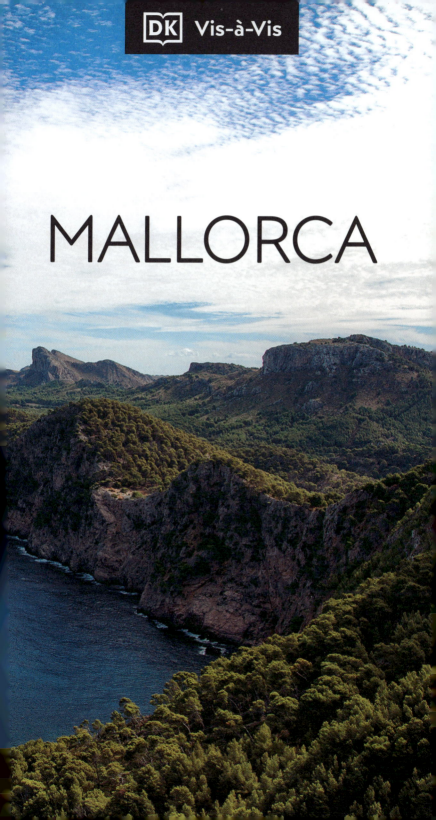

DK Vis-à-Vis

MALLORCA

INHALT

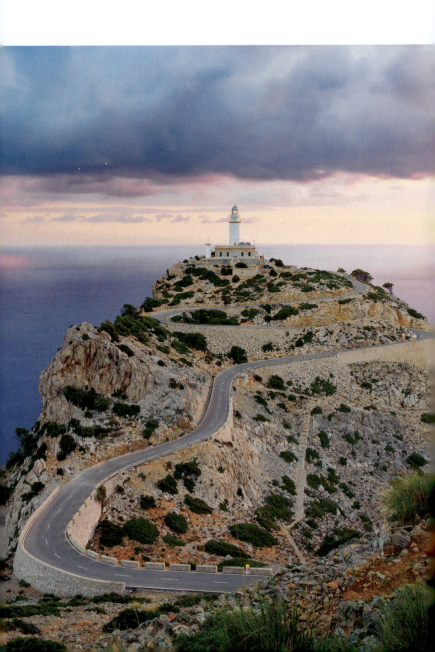

MALLORCA ENTDECKEN 6

MALLORCA ERLEBEN 72

REISE-INFOS 174

Gerhard Bruschke

Gerhard Bruschke, Diplom-Geograf, lebt und arbeitet in München und im Allgäu.
Er ist Autor der Vis-à-Vis-Titel Hamburg, Dresden, Südtirol, Gardasee und Straßburg & Elsass, Co-Autor des Vis-à-Vis-Titels Apulien sowie Redakteur der deutschen Ausgabe weiterer Reiseführer dieser Reihe. Darüber hinaus verfasste er zahlreiche Beiträge für Länderkunden, Atlanten und Enzyklopädien (Print und digital).
Seine Begeisterung für Spanien und dessen Inselwelt, Land und Leute, Sprache und Kultur führt ihn häufig in den Süden. Vor allem Mallorca fasziniert ihn, dort entdeckt er bei jeder Reise neue Facetten dieser Trauminsel. Die Vielfalt der Natur und ihrer Farben, der Charme der Bewohner, die Einzigartigkeit des Lichts und die kosmopolitische Inselmetropole Palma mit ihrer spannenden Architektur sind nur einige seiner Motive, immer wieder nach Mallorca zurückzukehren – am liebsten im Frühling oder Herbst, wenn er manche besonders schönen Ecken (fast) für sich hat.

Links: *Serpentinenstraße zum Far de Formentor* (siehe S. 133)
Vorherige Doppelseite: *Cap de Formentor, der nördlichste Punkt Mallorcas* (siehe S. 111)
Umschlag: *Blick vom Mirador Es Colomer auf die Halbinsel Formentor* (siehe S. 132)

MALLORCA
ENTDECKEN

Hafen von Cala Figuera

WILLKOMMEN AUF
MALLORCA

Die Balearen-Insel, oft auch als 17. deutsches Bundesland bezeichnet, ist zweifellos eines der beliebtesten Reiseziele der Deutschen, wenn es um Sonne, Strand und Meer geht. Dabei hat Mallorca so viel mehr zu bieten: wunderschöne Landschaften, alte Traditionen, romantische Bergdörfer, interessante Museen und als pulsierendes Herz die Hauptstadt Palma. Wie auch immer Ihre Traumreise nach Mallorca aussieht, dieser Reiseführer ist Ihr perfekter Begleiter.

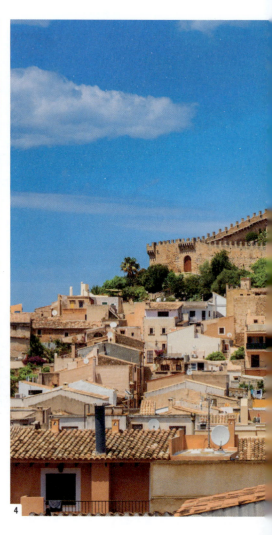

1 *Die Gewässer rund um die Insel sind ein beliebtes Segelrevier*

2 *Mandelblüte*

3 *Castell de Bellver in Palma*

4 *Blick auf die Festung von Capdepera*

Mallorca ist eine Insel der Kontraste. Auf der einen Seite lockt sie mit wunderschönen Sandstränden, die alle Annehmlichkeiten und Wassersportmöglichkeiten bieten, es finden sich aber auch abgelegene Buchten, in denen man die Beschaulichkeit des Mittelmeers genießen kann. Neben der pulsierenden Hauptstadt Palma mit all ihren Shopping-Möglichkeiten und kulturellen Attraktionen gibt es etliche Dörfer, die bekannt sind für ihre spezielle Atmosphäre und traditionelles Handwerk.

Auf zahlreichen gut ausgeschilderten Routen entlang der Küste und durchs Landesinnere lässt sich zu Fuß oder mit dem Fahrrad die landschaftliche Vielfalt der Insel entdecken. Die teils schroffe Serra de Tramuntana ist ein wunderbares Wandergebiet, in dem man noch auf die Spuren der Araber trifft. Auch die vielen Höhlen auf Mallorca eröffnen bei einem Besuch eine ganz eigene Welt. Jeder Winkel Mallorcas hält also eine neue Überraschung bereit.

Mallorca ist von seiner Größe her leicht zu erkunden. Detaillierte Reiserouten, wichtige Informationen und farbige Karten helfen Ihnen, Ihren Besuch perfekt zu planen. Unser Vis-à-Vis Mallorca ist ideal, um eine Reise ganz nach Ihrem Geschmack zu planen, und ein perfekter Begleiter, um die Insel in all ihren Facetten zu entdecken. Viel Spaß auf Mallorca!

LIEBENSWERTES
MALLORCA

Mallorca bietet nicht nur herrliche Strände, sondern auch traumhafte Landschaften, Historisches, Kunst und Kultur, eine fantastische Küche sowie viele Shopping- und Sportmöglichkeiten.

1 Fantastische Strände

Mallorca bietet eine Vielzahl an Stränden – mit jedem Komfort und allen Wassersportmöglichkeiten oder in abgelegenen Buchten *(siehe S. 22f, 24f, 100f).*

2 Interessante Museen

Künstler haben sich schon immer von Mallorca inspirieren lassen. Ihr Vermächtnis findet man überall, auch in der Fundació Pilar i Joan Miró *(siehe S. 98).*

3 Uralte Höhlen

Auf Mallorca gibt es etwa 200 Tropfsteinhöhlen, einige sind für Besucher geöffnet. Hier wird die Unterwelt effektvoll in Szene gesetzt *(siehe S. 34f).*

Naturschauspiel Mandelblüte 4

Während der Mandelblüte im Februar, wenn anderswo noch Winter herrscht, wird Mallorca in ein duftendes, rosa-weißes Blütenmeer getaucht.

Städte und Dörfer 5

Während Palma natürlich unangefochten Platz 1 der Städte Mallorcas belegt, haben auch etliche andere Städtchen und Dörfer wie etwa Deià *(siehe S. 123)* viel zu bieten.

Geschichte und Geschichten 6

Von der Frühgeschichte über Phönizier, Römer und Araber bis zu den Spaniern – Mallorca wurde von vielen Kulturen geprägt. Mehr darüber erfährt man im Museu de Mallorca *(siehe S. 86)*.

Kirchen groß und klein *7*

Neben der Sa Seu in Palma gibt es noch weitere beeindruckende Gotteshäuser, die einen Besuch wert sind, etwa das Santuari de Sant Salvador *(siehe S. 164)*.

Eindrucksvolle Leuchttürme *8*

Auf Mallorca sind noch einige Leuchttürme in Betrieb. Alle bieten dank ihrer exponierten Lage einen fantastischen Ausblick, auch die beiden von Port de Sóller *(siehe S. 133)*.

9 Wanderungen durch Traumlandschaften

Auch für Outdoor-Fans hat Mallorca eine Menge zu bieten. Etliche Wanderrouten führen über die Insel, einige auch durch die Serra de Tramuntana *(siehe S. 44f)*.

10 Vielfältiges Shopping

Aktuelle Mode und modernes Design im Finca-Chic in Palma, traditionelle Waren in abgelegeneren Orten – auf Mallorca gibt es viel zu entdecken *(siehe S. 58f)*.

Kulinarische Entdeckungen 11

Vom Spitzenrestaurant bis zur einfachen Tapas-Bar – auf Mallorca findet sich für jeden etwas. Und auch die traditionelle Küche kommt nicht zu kurz *(siehe S. 48f)*.

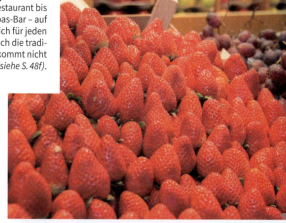

Bunte Feste 12

Feuerwerke, Fabelwesen, historische Schlachten, Schutzheilige und Themenfeste – auf Mallorca gibt es nur wenig, was nicht eine Feier wert ist *(siehe S. 62f)*.

MALLORCA
AUF DER KARTE

Für diesen Reiseführer wurde Mallorca in vier Kapitel unterteilt: Neben der Hauptstadt Palma gibt es die Regionen Serra de Tramuntana, den Nordosten und den Süden. Jeder Teil der Insel hat eine eigene Farbe, wie auf der Karte ersichtlich. Auf den folgenden Seiten erfahren Sie viel Spannendes über diese Regionen.

Sólle

Serra de Tramuntana
Seiten 106–135

PALMA

Sa Dragonera   Andratx   **Palma**
Seiten 76–1

Ibiza

Sant Antoni
de Portmany

Santa Eulària
des Riu

Eivissa

La Savina   **Formentera**
Sant Francesc

0 Kilometer   40

N

Ciutadella

Alaior

Maó

Menorca

Pollença

Alcúdia

Inca

Nordosten
Seiten 136–155

Artà

Capdepera

Manacor

Llucmajor

Felanitx

Süden
ten 156–173

Campos

Colònia
e Sant Jordi

Santanyí

Mallorca

Cabrera *Cabrera*

Westeuropa

SCHWEDEN

DÄNEMARK

Nordsee

IRLAND

GROSS-
BRITANNIEN

DEUTSCH-
LAND

POLEN

TSCHECHIEN

*Atlantischer
Ozean*

FRANK-
REICH

SCHWEIZ

ÖSTERREICH

PORTUGAL

SPANIEN

Mallorca

ITALIEN

Mittelmeer

MAROKKO

ALGERIEN

TUNESIEN

DIE REGIONEN
MALLORCAS

Die größte Balearen-Insel bietet für jeden etwas: fantastische Strände mit vielfältigen Wassersportmöglichkeiten, unberührte Buchten, herrliche Landschaften, die zum Wandern einladen, eine faszinierende Kultur, eine hervorragende Küche und großartige Outdoor-Aktivitäten.

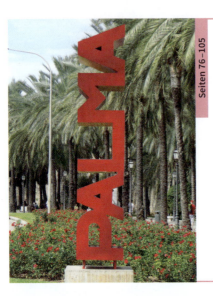

Seiten 76–105

Palma

Die kosmopolitische Hafenstadt, über der die majestätische Kathedrale thront, wartet mit vielen Kontrasten auf: Traditionen und Avantgarde, alte Paläste und *modernisme*, Gassengewirr und Hafenpromenade. Außerdem punktet die Kapitale mit grandiosen Museen und langen Sandstränden.

Entdecken
Ein Bummel durch die Altstadt mit vielen Café-Besuchen

Sehenswert
Catedral de Mallorca und Fundació Pilar i Joan Miró

Genießen
Ein relaxter Tag am Strand

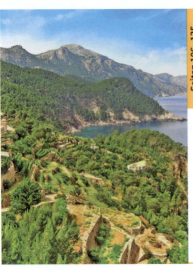

Seiten 106–135

Serra de Tramuntana

Die Serra de Tramuntana wartet u. a. mit traumhafter Natur, malerischen Bergdörfern und kreativen (Deià und Valldemossa) wie geistlichen (Santuari de Lluc) Zentren auf. Und von Andratx, Sóller und Pollença ist es auch nie weit zum Meer.

Entdecken
Fahrt zum Cap de Formentor, dem nördlichsten Punkt Mallorcas

Sehenswert
Sa Dragonera, La Granja und Valldemossa

Genießen
Zugfahrt von Palma nach Port de Sóller

Nordosten

Ob grandiose Naturschätze, spektakuläre Schauhöhlen, Einblicke in die Vergangenheit, traditionsreiche Märkte, idyllische Orte oder wunderschöne Strände und Buchten – im Nordosten Mallorcas gibt es viel zu entdecken. An der Küste haben sich Port d'Alcúdia und Can Picafort zu begehrten Urlaubszielen entwickelt. Zwischen den beiden Orten liegt das größte Feuchtgebiet Mallorcas, der Parc Natural de s'Albufera, das sich besonders für Ausflüge mit dem Fahrrad eignet. Wem der Sinn mehr nach Kultur steht, sollte Alcúdia besuchen.

Entdecken
Parc Natural de s'Albufera, am besten mit dem Fahrrad

Sehenswert
Alcúdia und Coves del Drac

Genießen
Besuch eines Weinguts mit Degustation

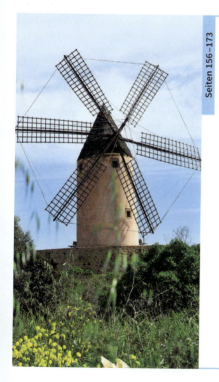

Süden

Der Süden Mallorcas lockt mit herrlichen Stränden, paradiesischen Buchten, vielen Wassersportaktivitäten, verträumten Städtchen und Fischerdörfern sowie schönen Urlaubsorten. Hier werden alte Traditionen noch hochgehalten, etwa die Glasbläserei oder der Salzabbau, der schon seit dem 4. Jahrhundert v. Chr. betrieben wird. Zeugnisse der früher vorherrschenden Agrarwirtschaft sind die vielen Windmühlen. Naturfreunde sollten der Insel Cabrera einen Besuch abstatten, Kunstfreunde dem Städtchen Santanyí mit seinen vielen Galerien.

Entdecken
Eintauchen in die Talayot-Kultur in Capocorb Vell

Sehenswert
Llucmajor, Felanitx, Santanyí und Cabrera

Genießen
Nehmen Sie sich in den Salines d'Es Trenc ein Stück Mallorca mit nach Hause

7 TAGE
auf Mallorca

Tag 1

Palma ist ein praktischer Ausgang für eine Mallorca-Rundreise. Die Hauptstadt ist das pulsierende Herz der Insel mit vielen Sehenswürdigkeiten, attraktiven Shopping-Möglichkeiten und wunderbaren Stränden *(siehe auch S. 82f*: »1 Tag in Palma«*)*. Highlights sind die Kathedrale *(siehe S. 90f)* und der Königspalast La Almudaina *(siehe S. 86)*. Im Museu de Mallorca *(siehe S. 86)* erfährt man mehr über die Geschichte der Insel. Beschließen Sie den Tag mit einem Sundowner auf einer der Dachterrassen mit Blick über die Stadt *(siehe S. 84f)*.

Tag 2

Auf der Küstenstraße Ma-1 geht es Richtung Süden nach Andratx *(siehe S. 112)* mit seinen vielen Galerien und nach Port d'Andratx. Das Örtchen gilt als schönster Hafenort der Insel. Fährt man in Richtung Banyalbufar weiter, kommt man in das steil in den Hang gebaute Bergdorf Estellencs *(siehe S. 112)*. Im Bergdorf Banyalbufar *(siehe S. 112)* sucht man sich eine Unterkunft.

Tag 3

Die Ma-10 führt Richtung Valldemossa. Unterwegs kann man einen Stopp bei der Finca La Granja einlegen *(siehe S. 116f)*. Valldemossa *(siehe S. 120)* in der Serra de Tramuntana verströmt mit seinem reichen kulturellen Erbe ein ganz eigenes Flair. Unbedingt ansehen sollte man sich das Kartäuserkloster, in dem bereits Frédéric Chopin und George Sand nächtigten *(siehe S. 121)*. Von Valldemossa geht es – vorbei an der Villa Son Marroig *(siehe S. 122)* – weiter zum Künstlerort Deià *(siehe S. 123)*. Nächster Stopp ist Sóller mit vielen Modernisme-Gebäuden und Port de Sóller *(siehe S. 124)*. Eine Serpentinenstraße führt in den Küstenort Sa Calobra *(siehe S. 128)*, in dem man übernachtet. Auf dem Weg kommt man an der Torrent de Pareis *(siehe S. 129)* vorbei.

Tag 4

Heute geht es in den Norden. Auf dem Weg nach Pollença kann man das Santuari de Lluc *(siehe S. 130f)*, das geistliche Zentrum der Insel, besuchen. Pollença *(siehe S. 132)*

1 *Palmas berühmte Kathedrale*

2 *Der Strand am Ende des Sturzbachs Torrent de Pareis*

3 *Ein Schmetterling Waldbrettspiel*

4 *Cap de Formentor*

5 *Gässchen in Valldemossa*

ist bekannt für seine Galerien und Festivals. Einen phänomenalen Blick hat man vom Cap de Formentor *(siehe S. 132)*, das man über eine kurvenreiche Panoramastraße erreicht. Nächster Halt ist die Altstadt von Alcúdia *(siehe S. 142f)* mit prachtvollen Stadtresidenzen. Auf der Fahrt nach Can Picafort kann man noch dem Parc Natural de s'Albufera *(siehe S. 144)* einen Besuch abstatten. In Can Picafort *(siehe S. 152)* an der Badia d'Alcúdia sucht man ein Quartier.

Tag 5

An Geschichte Interessierte sollten sich auf dem Weg Richtung Osten die prähistorische Totenstadt Necròpoli de Son Real *(siehe S. 152)* ansehen. Auf der Ma-12 geht es nach Artà *(siehe S. 144)* mit der Festung aus arabischer Zeit. Capdepera *(siehe S. 144)* wartet mit der besterhaltenen mittelalterlichen Burg der Insel auf. An der Küste liegt der Urlaubsort Cala Rajada *(siehe S. 144)*. Auf dem Weg in den Ferienort Cala Millor *(siehe S. 146)*, in dem man übernachtet, kann man sich die Coves d'Artà *(siehe S. 144)* ansehen.

Tag 6

Richtung Süden gelangt man zuerst nach Porto Cristo mit den gewaltigen Coves del Drac *(siehe S. 147)*. Nächster Stopp ist Manacor *(siehe S. 146)* mit seinen berühmten Kunstperlen. Von hier fährt man auf der Ma-14 nach Felanitx *(siehe S. 164)*, einer Hochburg der Keramikproduktion, und zum Wallfahrtsort Santuari de Sant Salvador *(siehe S. 164)*. Santanyí *(siehe S. 168)* beeindruckt mit seinen Sandsteingebäuden. Von hier fährt man zum idyllischen Ort Cala Figuera *(siehe S. 168)*. Vogelfreunde sollten den Parc Natural de Mondragó *(siehe S. 168)* besuchen.

Tag 7

Auf der Fahrt zurück nach Palma kann man noch die Salinen von Es Trenc *(siehe S. 165)*, Llucmajor *(siehe S. 162)*, bekannt für seine Schuhindustrie, und das Mühlenviertel von Montuïri *(siehe S. 164)* besuchen. An einem der vielen Strände der Badia de Palma *(siehe S. 100f)* kann man dann noch einen letzten Halt vor Palma einlegen.

Platja d'Alcúdia (siehe S. 142f)

Strände

Strandparadies Mallorca – egal, wo Sie sich auf der Insel befinden: Zum nächsten Strand ist es nie allzu weit. Das Besondere: Von der schmalen, abgelegenen Kiesbucht für Individualisten und Genießer bis zum kilometerlangen Sandstrand mit jeder Menge Komfort und Infrastruktur ist alles dabei. Die Badia de Palma ist an ihrer Ostseite eine einzige Strandzone.

Badespaß und Entertainment mit jeder Menge Wassersport, coolen Strandbars und Partyrummel bis in die Nacht bieten viele bestens ausgestattete Strände in der Nähe von Urlauberhochburgen. Die meisten von ihnen liegen sogar in Gehentfernung zu Hotels. Strandpromenaden mit zahlreichen Cafés, Restaurants und Shops locken zum Flanieren.

Wahre Chill-out-Areas hingegen findet man abseits von Bettenburgen und Ballermann in traumhaften, abgeschiedenen Buchten – ideal für Urlauber, die Entspannung pur in ruhiger, malerischer Umgebung suchen.

Beliebte Strände

An vielen gut ausgebauten Stränden Mallorcas finden Sonnenhungrige, Wassersportler und Familien beste Bedingungen. Einige dieser Sandstrände liegen in direkter Nähe zu Hotels – ideal für Kurzurlauber, die vor allem Sonne tanken wollen. Die Strände sind perfekt ausgestattet mit Liegen und Schirmen, Duschen und Snackbars. An manchen kann man sich seinen Drink auch an den Liegestuhl bringen lassen. Einige Strände der Badia de Palma sind Hotspots für Partys. Das Angebot an Wassersport ist so groß wie die Sandfläche, entsprechendes Equipment wird verliehen. Strandpromenaden locken mit Restaurants und Läden zum Flanieren. Oder Sie machen sich auf zu ausgedehnten Strandspaziergängen.

Port de Pollença bietet alles für einen spannenden oder entspannten Strandtag

S'Arenal, ein Strand wie in der Karibik: weißer Sand, türkisfarbenes Wasser, Drinks von der Bar – alles gut

① **S'Arenal** *(S. 101, 162)*

② **Platja de Palma** *(S. 101)*

③ **Cala Major** *(S. 101)*

④ **Platja de Magaluf** *(S. 100)*

⑤ **Port de Sóller** Der Strand vor eindrucksvoller Bergkulisse zählt zu den populärsten an der Nordwestküste. Trotz seiner Beliebtheit kann man

hier einen ruhigen Strandtag verbringen.

⑥ **Platja de Formentor** Ein wunderbarer Mix aus schöner Natur und komfortabler Ausstattung: Der Strand auf der Halbinsel Formentor *(siehe S. 132)* bietet wahres Urlaubsfeeling. Allein die Lage unterhalb von Klippen zieht viele Urlauber an. Pinien spenden wohltuenden Schatten.

⑦ **Platja del Port de Pollença** Der Strand von Port de Pollença bietet alle denkbaren Arten von Wassersport. An einem typisch mallorquinischen *chiringuito* (Strandbar) gibt es Erfrischungen. Für Selbstversorger steht ein Picknickplatz zur Verfügung.

⑧ **Platja d'Alcúdia** Vor allem Familien kommen an den Strand Alcúdias. Feinster

	①	②	③	④	⑤	⑥	⑦	⑧	⑨	⑩	⑪	⑫
Blaue Flagge		★				★			★	★	★	
Sauberkeit	★		★			★	★	★	★	★	★	★
Ruhe					★	★						★
Party	★	★		★								
Toiletten	★	★	★	★	★	★	★	★	★	★	★	★
Duschen	★	★	★	★	★	★	★	★	★	★	★	
Liegen und Schirme	★	★	★	★	★	★	★	★	★	★	★	★
Rettungsschwimmer	★	★	★	★	★	★	★	★	★	★	★	★
Wassersport	★	★	★	★	★	★	★	★	★	★	★	★
Palmen	★			★	★	★		★				
Gastro/Shopping	★	★	★	★	★	★	★	★	★	★	★	★
Kinderfreundlich			★			★	★	★	★	★	★	★
Rollstuhlgerecht	★	★			★	★	★	★	★	★	★	
Glasbodenboote	★	★		★			★	★	★	★	★	
Parken	★	★	★	★	★	★	★	★	★	★	★	★

Es Trenc ist trotz seiner Popularität eine Oase

Top 3 Strände

★ **Spaß und Sport** — Platja del Port de Pollença
★ **Familien mit Kindern** — Platja d'Alcúdia
★ **Ruhige Atmosphäre** — Es Trenc

Schon gewusst?

Die höchste Wassertemperatur hat man im August mit 25 Grad. Ab Anfang November fällt sie unter 20 Grad.

Platja de Formentor – ein Strand zwischen Wald und Meer. Eine wundervolle Option für alle, die auch gern mal ins Grüne blicken

Sand, seichtes Wasser, ein nur schwacher Wellengang, ein großes Angebot an Spiel und Spaß und aufmerksame Liveguards – da bleibt den Eltern Zeit für sich.

⑨ **Platja de Muro** Der an die Platja d'Alcúdia anschließende und bis Can Picafort reichende Strand bildet die längste Sandfläche auf Mallorca. Selbst in der Hochsaison findet sich hier immer noch ein Platz. Am Wellness Point werden Massagen angeboten.

⑩ **Platja de Cala Millor** Cala Millor ist der Ort mit der höchsten Hotelkonzentration an der Ostküste. Viele Urlauber schätzen die kurzen Wege. Für Frische sorgt der breite Grünstreifen gleich hinter dem Strand.

⑪ **Platja de Sa Coma** Die Sandflächen werden von felsigen Abschnitten unterbrochen. Auch diese Platja bietet alles für einen unbeschwerten Strandtag.

⑫ **Es Trenc** Für Romantiker: Der Dünenstrand befindet sich in einem Naturschutzgebiet. Latino-Rhythmen an den Strandbars sorgen am Abend für karibisches Flair.

Strände für Individualisten

Wer abseits des Trubels die Seele baumeln lassen möchte, hat an Mallorcas Küste viele Optionen. Als Alternativen zu touristisch geprägten Stränden gibt es eine Reihe von Rückzugsorten vor grandioser Naturkulisse. Um diese Oasen mit Sand-, Kies- oder Felsstränden zu erreichen, muss man unter Umständen einen (kürzeren oder längeren) Fußmarsch bewältigen. Belohnt wird man mit Ruhe und Privatsphäre. Außerhalb der Hauptsaison und unter der Woche ist man an manchen Strände (fast) allein. Auch wenn dies nicht der Fall ist: »Handtuch an Handtuch« bleibt Ihnen hier erspart. Die Infrastruktur mit Cafés etc. ist in der Regel weniger ausgebaut, packen Sie einfach alles (auch Proviant) ein und genießen Sie einen wundervollen Strandtag.

Pollença ⑦
⑥ ⑧ Alcúdia
Sóller
Artà ● Capo
⑤
④ Manacor
③ PALMA ⑨
Sa Dragonera ● Andratx Felatnix ⑩
② ① Llucmajor
Campos Santanyí
Colònia de ⑪
Sant Jordi ⑫
N

Cabrera ● Cabrera

Top 3 Strände

★	Spaß und Sport	Cala Santanyí
★	Familien mit Kindern	Platja de Sant Elm
★	Ruhige Atmosphäre	Cala Figuera

Platja de Sant Elm – Strand mit Blick auf Sa Dragonera (rechts) und Es Pantaleu

Schon gewusst?

Auf Mallorca gibt es über 200 Strände, die gesamte Strandlänge beträgt mehr als 50 Kilometer.

Cala Deià wird von einer Felswand umrahmt. Gute Schwimmer erreichen einige Höhlen in der Nähe. Die Restaurantterrassen bieten Schattenplätze

① **Cala Cap Falcó** Nahe der Partyhochburg Magaluf und doch ganz anders – trotz der Ruhe muss man in der Bucht mit Pinien nicht auf Komfort verzichten. Auch in der Hochsaison ein hübscher Fleck.

② **Caló des Monjo** Natur pur, Ruhe und Entspannung – sonst gibt es an diesem Steinstrand zwischen Felswänden nichts. Was will man mehr?

③ **Platja de Sant Elm** Baden mit Blick auf die »Dracheninsel« *(siehe S. 113)*. Auch wenn der Strand von Sant Elm nicht allzu abgelegen ist: Hier kann man glücklich sein.

④ **Cala Banyalbufar** Nur wenige Touristen verirren sich an diesen schmalen Kiesstrand mit Felswand. Ein kühler Gebirgsbach fließt die Wand hinab.

⑤ **Cala Deià** Anderswo mag es gemütlicher sein als auf den Steinen dieser Bucht. Dafür gibt es Fischlokale und einige Höhlen, zu denen man schwimmen kann.

⑥ **Cala de Sa Calobra** Die beiden bezaubernden Kiesstrände am Ende der Schlucht Torrent de Pareis *(siehe S. 129)* sind in jeder Hinsicht speziell.

	①	②	③	④	⑤	⑥	⑦	⑧	⑨	⑩	⑪	⑫
Blaue Flagge			★								★	
Sauberkeit	★	★	★	★	★	★	★	★		★	★	
Ruhe	★	★	★	★	★	★	★	★	★	★	★	★
Party												
Toiletten	★		★	★		★					★	
Duschen	★		★			★					★	
Liegen und Schirme	★		★								★	
Rettungsschwimmer	★		★								★	
Wassersport			★								★	
Palmen	★										★	
Gastro/Shopping	★		★		★	★		★		★	★	
Kinderfreundlich	★		★								★	
Rollstuhlgerecht												
Glasbodenboote												
Parken	★		★	★	★			★	★			

Cala Figuera – so abgelegen, dass sich auch Bergziegen hintrauen

Cala de Sa Calobra vor bizarrer Felskulisse – ein Strand von überwältigender Schönheit

Cala Santanyí: Blaue Flagge, blauer Himmel, blaues Wasser – ein Traumstrand

⑦ **Cala Figuera** Hier kann man sich wie ein Einsiedler fühlen. Der Steinstrand an der Nordspitze Mallorcas ist mühsam zu erreichen, doch die idyllische Lage entschädigt für alles.

⑧ **Platja S'Illot** Der Kiesstrand ist eine gute Alternative zu den Sandstränden der Umgebung. Restaurant und Picknicktische.

⑨ **Cala Morlanda** Dies ist ein Strand für Individualisten. Treppen führen zur Bucht hinab. Wer sich traut, kann von den Klippen ins Wasser springen. Achtung: Seeigel.

⑩ **Cala Varques** Ein Strand mit hohen Klippen – seine Bucht ist ein beliebter Ankerplatz. Für eine Erkundung der Höhle nehmen Sie die Schnorchelmaske mit.

⑪ **Cala Santanyí** Hier wechseln flache Abschnitte mit Felsen. Trotz der guten Ausstattung findet man immer Platz für sein Handtuch.

⑫ **Platja d'es Carbó** Wer es ruhig mag, ist hier richtig: Wasser, Sandstrand, bewaldete Dünen und eine grandiose Aussicht. Der etwa zwei Kilometer lange Fußmarsch garantiert Ruhe.

Kultur

Muse Mallorca – Baumeister und Maler, Komponisten und Literaten von Weltruf hinterließen auf der »Insel der Farben« ihre Spuren. Das mediterrane Licht, die zauberhafte Landschaft, das angenehme Klima und die Lebensart der Mallorquiner zogen schon früh Künstler an. Begeben Sie sich auf eine Entdeckungstour zu Werken von Gaudí, Miró, Picasso und Co und zu den Ateliers zeitgenössischer Künstler.

Die Insel lädt zu einer Reise durch die Kulturgeschichte ein: von Resten prähistorischer Siedlungen und Zeugnissen arabischer Gartenkunst über mittelalterliche Festungen und Windmühlen bis zu Bauwerken des *modernisme* und Museen zeitgenössischer Kunst.

Bewahrung kultureller Identität wird auf Mallorca großgeschrieben. Die Einheimischen pflegen ihren *mallorquí* genannten katalanischen Dialekt ebenso wie altes Kunsthandwerk und traditionsreiche Feste.

Künstler

Mallorca inspiriert in all seinen Facetten bereits seit Jahrhunderten Künstler aus aller Welt. Hier lebten und wirkten Schriftsteller und Komponisten, Maler und Baumeister, deren Spuren sich in allen Regionen der Insel finden. Viele kamen, manche blieben für immer und zogen weitere Gleichgesinnte an. So entwickelte sich etwa Deià zu einem Künstlerdorf. In Bauwerken, Kulturstätten und auf Festivals leben die Berühmtheiten weiter – ob in der Kathedrale von Palma, in der Fundació Pilar i Joan Miró, beim Festival Chopin in Valldemossa, im zum Museum umgestalteten Wohnhaus von Robert Graves oder in den Coves del Hams *(siehe S. 35)*, wo Jules Verne in einer Multimedia-Show gewürdigt wird.

Schon gewusst?

Die Verbindung Mirós mit Mallorca begann 1929, als er die Mallorquinerin Pilar Juncosa heiratete.

Jules Verne (1828–1905)

In seinem Roman *Die Reise zum Mittelpunkt der Erde* schickt der französische Autor seinen Protagonisten (und seine Leser) in eine unterirdische Welt voller Gefahren. Die Inspiration für seinen Bestseller soll er in der magischen Unterwelt Mallorcas erhalten haben – so behaupten es jedenfalls Einheimische mit Verweis auf einen Eintrag Jules Vernes in einem Gästebuch der Coves d'Artà. Dieser stammt aus dem Jahr 1877, das Buch erschien jedoch bereits 1864. Andere halten Vernes angeblichen Mallorca-Aufenthalt für ein Märchen. Seine profunden Kenntnisse der Insel muss er demnach von einem kompetenten Informanten bezogen haben. Die Spur führt zu Erzherzog Ludwig Salvator von Österreich-Toskana *(siehe S. 122f)*, mit dem Jules Verne nachweislich befreundet war.

Jules Verne, Science-Fiction-Autor

Innenraum von Palmas Kathedrale Sa Seu

Antoni Gaudí (1852–1926)

Der Vorreiter der neuen Stilrichtung *modernisme (siehe S. 31)* war strenggläubig. Deshalb wurde er mit der Restaurierung des Innenraums von Palmas Kathedrale Sa Seu *(siehe S. 90f)* und der Basilika des Santuari de Lluc *(siehe S. 130f)* beauftragt. Der in Form einer Krone über dem Hochaltar schwebende Baldachin in Sa Seu gilt als Höhepunkt seines dortigen Schaffens.

Frédéric Chopin (1810 –1849)

Ein unverheiratetes Paar in einem Kloster: Seiner Gesundheit zuliebe verbrachte der polnische Pianist und Komponist den Winter 1838/39 im Kloster des Bergdorfs Valldemossa, begleitet von seiner Geliebten, der Autorin George Sand. Sie beschreibt diesen Aufenthalt in ihrem Buch *Ein Winter auf Mallorca*. Chopin komponierte hier u. a. das *Regentropfen-Prélude*. Die Romanze des ungleichen Paars vermarktet sich noch heute sehr gut *(siehe S. 121)*.

Chopin-Klavier in Valldemossa

Joan Miró (1893 –1983)

Poster mit seinen »Strichfiguren« sind als Wohndekor beliebt. Miró-Design ist einzigartig, seine Breitenwirkung enorm. Der Katalane gehört zu den einflussreichsten Künstlern des 20. Jahrhunderts. 1956 verlegte er seinen Wohnsitz nach Cala Major. Gemälde Mirós findet man in Museen, seine Skulpturen auf Plätzen Mallorcas, das von ihm gestaltete Logo des Spanischen Fremdenverkehrsamts an jeder Tourist-Info. Mirós Bilder wirken oft mediterran-beschwingt, seine Spätwerke teilweise verstörend *(siehe S. 98)*.

Robert Graves (1895 –1985)

Es war eine illustre Gästeschar, die der englische Schriftsteller in seinem Haus in Deià versammelte: Ava Gardner, Alec Guinness, Peter Ustinov, Gabriel García Márquez und viele andere kamen auf einen Sprung vorbei. Die Tantiemen ermöglichten dem Verfasser des Romans *Ich, Claudius, Kaiser und Gott* und seiner Lebensgefährtin Laura Riding ein sorgenfreies Leben. Graves begründete den Mythos des Künstlerdorfs Deià.

Robert Graves, »Vorreiter« in Deià

Agatha Christie (1890 –1976)

Die erfolgreichste Krimiautorin der Welt war 1932 zu Gast in Pollença und schrieb dort die Kurzgeschichte *Problem at Pollensa Bay*. Auch ihr Aufenthalt auf Mallorca hätte das Zeug zu einem Krimi. Mehrere Hotels nehmen für sich in Anspruch, sie bewirtet zu haben. Nur: Welches? Übrigens: Christies 1941 erschienener, auf Kreta spielender Roman *Evil under the Sun* wurde 1982 mit Peter Ustinov als Hercule Poirot auf Mallorca verfilmt.

Keramikbild Barcelós in Sa Seu

Miquel Barceló (* 1957)

Neben Gaudí wirkte auch der aus Felanitx stammende Barceló an der Ausgestaltung von Palmas Kathedrale mit. Seine Gestaltung der Kapelle des Allerheiligsten (Capella Barceló) gipfelt in einem überdimensionalen Keramikbild, das viele Neugierige anlockt.

Architektur

Von prähistorischen Anlagen der Talayot-Kultur *(siehe S. 163)* über arabische Festungen, repräsentative Landgüter und Adelspalais bis zu Bauten des *modernisme*: Das architektonische Erbe der Insel ist mehr als reich. Palma bietet die meisten Sehenswürdigkeiten. Stilbildend ist die gotische Kathedrale *(siehe S. 90f)*, deren Innenraum Antoni Gaudí modernisierte. Aber auch auf dem Land findet man überall steinerne Dokumente des Lebens verschiedener Epochen – von aufwendig gestalteten Adelssitzen über herrschaftliche Weingüter bis zu Windmühlen.

Windmühlen prägen noch heute den Charakter einiger Landstriche

Ländliche Häuser

Typische Dörfer sind von niedrigen, häufig weiß getünchten Häusern gekennzeichnet. Der Stein, mit dem sie gebaut sind, stammt aus der Region und nimmt mit der Zeit eine gelblich braune Färbung an. Dank dicker Mauern und weniger Öffnungen bleibt es in den Häusern auch im Sommer angenehm kühl. Zum Hof gehören meist schlichte Nebengebäude, alles ist von Gärten und Feldern umgeben.

Weiß getünchte **Steinmauern**

Kleines **Fenster** in einer Nische

Schmale **Eingangstür**

Einfache Wohnhäuser grenzen häufig an die Stallungen von Bauernhöfen und haben in vielen Fällen einen kleinen Kornspeicher obenauf. Dorfhäuser sind fast immer eingeschossig

Landgüter

In der Mitte eines Anwesens steht traditionell eine prächtige *hacienda*. Rivalisierende Besitzer bauten immer extravagantere Häuser, um ihre Bedeutung zu unterstreichen. Eingerichtet waren sie mit herrlichen Möbeln und Gemälden. Kleinere, funktionalere Varianten werden *fincas* genannt. Ob *haciendas* oder *fincas*: Viele sind mittlerweile Feriendomizile.

Große Landgüter wie La Granja in Mallorcas Südwesten gehörten wohlhabenden Landbesitzern

Villen

Dieser Gebäudetyp kam im 19. Jahrhundert auf. Die Villen, die in der Regel nur als Ferienresidenzen ihrer wohlhabenden, oft dem Adel entstammenden Eigentümer dienten, wurden im Stil des jeweiligen Zeitgeistes errichtet. Ihre Anzahl stieg mit der wachsenden Popularität der Insel.

Prachtvolle Villen sieht man in Stadtzentren und auf dem Land

Kirchen

Auf dem Land stehen die überwiegend kleinen Gotteshäuser entweder im Zentrum oder auf einem Hügel am Ortsrand. Weiß getünchte Kirchen leuchten schon von Weitem. Daneben gibt es auch Kirchen, deren Natursteinfassaden nicht verputzt wurden.

Dreifache **Arkade**

Typischer kleiner **Glockenturm**

Drei Kreuze an der Fassade – das Symbol von Golgatha

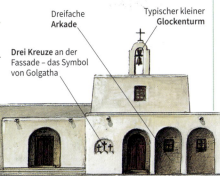

Der Glockenturm einer Dorfkirche ist auf Mallorca normalerweise schlicht gehalten. Er besteht meist aus einem Bogen, gekrönt von einem Kreuz

Kirchen besitzen oft ein einstöckiges Nebengebäude. Kirche und Vorhof sind häufig durch eine niedrige Steinmauer abgegrenzt

Wachtürme

Die gemauerten Türme an den Küsten sollten die Insel vor Piratenangriffen aus Nordafrika schützen. Die Türme standen an unzugänglichen Stellen, sodass sie leicht zu verteidigen waren. Die meisten von ihnen sind heute verschlossen, nur wenige dienen als Aussichtstürme.

Die Eingänge der Wachtürme lagen hoch oben, darüber befinden sich schmale Schießscharten

Zum Schutz hatten einige Wachtürme auch Mauern

Modernisme

Ende des 19. Jahrhunderts entwickelte sich vor allem in Barcelona der *modernisme*. Kennzeichen sind neben geschwungenen Fassaden auch florale Elemente und kräftige Farben. Innerhalb weniger Jahre erreichte die Stilrichtung auch Mallorca. Vorreiter des *modernisme* auf der Insel war das Gran Hotel (1903) von Lluis Domènech i Montaner an der Plaça Weyler in Palma. Reizvolle Akzente im Stadtbild setzen auch die Edifici Casasayas an der Plaça Mercat und einige weitere Palais. Bekanntester Vertreter des *modernisme* ist Antoni Gaudí, der Palmas Kathedrale modernisierte. Sein Schüler Joan Rubió i Bellver schuf in Sóller bemerkenswerte Bauten *(siehe S. 124)*.

Typisches Element: geschwungene Formen

Edifici Casasayas in Palma

Coves del Drac (siehe S. 147)

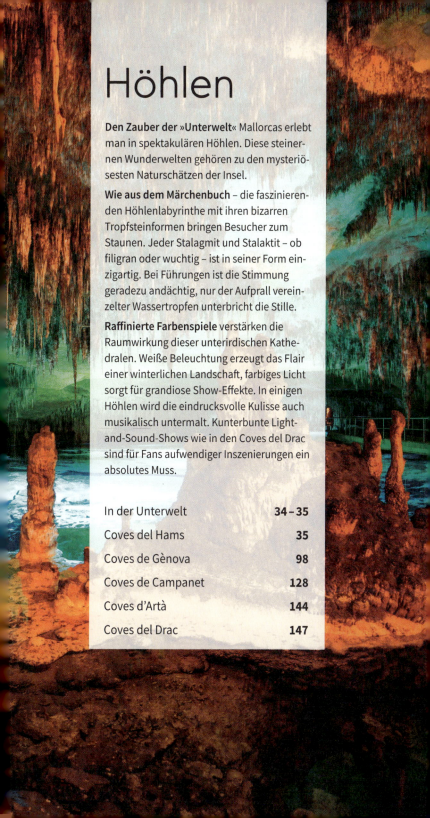

Höhlen

Den Zauber der »Unterwelt« Mallorcas erlebt man in spektakulären Höhlen. Diese steinernen Wunderwelten gehören zu den mysteriösesten Naturschätzen der Insel.

Wie aus dem Märchenbuch – die faszinierenden Höhlenlabyrinthe mit ihren bizarren Tropfsteinformen bringen Besucher zum Staunen. Jeder Stalagmit und Stalaktit – ob filigran oder wuchtig – ist in seiner Form einzigartig. Bei Führungen ist die Stimmung geradezu andächtig, nur der Aufprall vereinzelter Wassertropfen unterbricht die Stille.

Raffinierte Farbenspiele verstärken die Raumwirkung dieser unterirdischen Kathedralen. Weiße Beleuchtung erzeugt das Flair einer winterlichen Landschaft, farbiges Licht sorgt für grandiose Show-Effekte. In einigen Höhlen wird die eindrucksvolle Kulisse auch musikalisch untermalt. Kunterbunte Light-and-Sound-Shows wie in den Coves del Drac sind für Fans aufwendiger Inszenierungen ein absolutes Muss.

In der Unterwelt

Man muss schon unter die Erde, um eine magische Seite Mallorcas zu entdecken. Die Faszination unterirdischer Welten erlebt man in den Höhlen (katalanisch: *coves*; spanisch: *cuevas*), von denen einige zu den spektakulärsten in Europa gehören. Von ihren bizarren Formen geht ein eigener Zauber aus. Die Ansichten sind grandios: weite Hallen und enge Gänge, zackige Stalagmiten und Stalaktiten, Seen mit glasklarem Wasser, Spuren prähistorischer Bewohner … Aufwendige Beleuchtung setzt das Ambiente wirkungsvoll in Szene. In manchen Höhlen gibt es zudem kulturelle Darbietungen. Bei einer Besichtigung in das Innenleben der Insel vorzudringen, ist ein unvergessliches Erlebnis.

Schon gewusst?

Auf Mallorca gibt es um die 4000 Grotten und Höhlen sowie viele Erdspalten.

Coves de Gènova mit prachtvollen Tropfsteinformen

① Coves de Gènova

Um diese Wunderwelt zu erleben, steigt man mehr als 30 Meter in die Tiefe. Die Höhlen wurden 1906 entdeckt. Verglichen mit den anderen scheinen sie weniger spektakulär, zudem sind sie kleiner, dafür bestechen sie durch natürliche Schönheit. Sie sind auch weitaus weniger überlaufen als die größeren Höhlen. Die Teilnehmerzahl der Führungen ist angenehm überschaubar *(siehe S. 98)*.

② Coves de Campanet

In dem Höhlensystem am Fuß der Serra de Tramuntana zeigen sich Stalagmiten und Stalaktiten in ursprünglicher Pracht – ohne Farb- und Sound-Effekte. Der Einsatz von Technik beschränkt sich auf weiße Beleuchtung, die faszinierende Schatteneffekte erzeugt. Einige filigrane Tropfsteine sind zwar vier Meter lang, aber nur vier Millimeter dick. Die Höhlen wurden erst 1945 entdeckt *(siehe S. 128)*.

Höhlen

Die vorgestellten Höhlen zeigen die ganze Welt wundersamer Tropfsteinformen: vom Boden emporwachsende Stalagmiten, von der Decke hängende Stalaktiten sowie einige seltenere Stalagnaten (Sintersäulen), die aus dem Zusammenwachsen beider Tropfsteinbildungen entstehen.

③ Coves d'Artà

Wer Inszenierungen liebt, ist in diesem Höhlensystem mit bis zu 45 Meter hohen Sälen richtig. Hinter dem Eingang liegt die Vorhalle mit grandiosen Tropfstein-formen. Ein über 20 Meter hoher Stalagmit trägt den Namen Reina de las Colum-nas, »Säulenkönigin« *(siehe links)*. Bekannt war das Höh-lenlabyrinth wohl schon in prähistorischer Zeit als Schutzraum. Heute genie-ßen Besucher die Light-and-Sound-Show *(siehe S. 144)*.

Faszination pur: Coves d'Artà bei stimmungs-voller Illumination

Höhlen (Auswahl)

Coves de Gènova ⊛ ⊙
🅰 D6 🏠 Carrer Barranc 45, Gènova

Coves de Campanet
⊛ ⊙
🅰 G3 🏠 Autopista Palma – Alcúdia, km 39
🔤 covesdecampanet.com

Coves d'Artà ⊛ ⊙
🅰 M5 🏠 Canyamel, Capdepera
🔤 cuevasdearta.com

Coves del Hams ⊛ ⊙
🅰 L6 🏠 Carretera Mana-cor – Porto Cristo, km 11
🔤 cuevasdelshams.com

Coves del Drac ⊛ ⊙
🅰 L7 🏠 Carretera Coves s/n, Porto Cristo
🔤 cuevasdeldrach.com

Spektakuläre Tropfsteinformen in den Coves del Drac

⑤ Coves del Drac

Atemberaubend präsentieren sich die Drachenhöhlen, das größte Höhlensystem Mallorcas. Mit Mu-sikern besetzte Boote gleiten ins Licht. Licht- und Tontechnik erhöht die Faszination. Besucher können eine Bootsfahrt unter dem Stalak-titengewölbe unternehmen. Ein Teil dieses Labyrinths war schon seit Jahrhunderten bekannt. Da man aber tief im Inneren einen Drachen vermutete, wagte man sich nicht allzu weit hinein *(siehe S. 147)*.

④ Coves del Hams

Ihren Namen verdanken die 1905 entdeckten Höhlen der an Angelhaken *(hams)* erinnernden Form einiger Stalagmiten. Lichtspiele in LED-Technik beleuchten die Räume und geben der Kulisse etwas Traumhaf-tes. Steinerne Eiszapfen scheinen von den Decken zu hängen und spiegeln sich in einem See. Klassische Musik vom Band betont die Erhabenheit der impo-santen Kulisse. Der Erlebniswert ähnelt dem in den nahe gelegenen Coves del Drac, die jedoch deutlich aufwendiger in Szene gesetzt werden.

Kalksteinnadeln in den Coves del Drac

Olivenbäume bei Valldemossa

Natur

Dem Paradies so nah: Küsten mit bunter Unterwasserwelt, bis zum Horizont reichende Ebenen mit goldgelben Getreidefeldern, Feuchtgebiete mit rosafarbenen Flamingos und Bergketten mit grünen Wäldern und Terrassen bilden ein Landschaftsmosaik. Die Insel bietet einen Nationalpark, mehrere Naturparks und mit der Serra de Tramuntana gar ein UNESCO-Welterbe.

»Ziegeninsel« und »Dracheninsel«: Auch die vorgelagerten Inseln Illa Cabrera und Sa Dragonera sind wahre Naturparadiese, ihre Namen tragen sie nicht von ungefähr. Bootsfahrten dorthin bieten zudem wundervolle Blicke auf Mallorcas Küste.

Tief in den Malkasten greift die Natur vor allem zur Blütezeit, wenn die Blumenwiesen in allen Farben leuchten. Betörende Aromen gibt es gratis dazu. Als besonders romantisch gilt die Zeit der Mandelblüte.

Landschaft, Flora und Fauna

Bergland und Ebenen, Klippen und Sandstrände: So vielfältig wie die Landschaftsformen präsentieren sich auch Pflanzen- und Tierwelt Mallorcas. Ab dem Spätwinter überziehen bunte Blütenteppiche die Insel. In höheren Lagen nehmen Wälder größere Flächen ein. Weite Teile werden von Kulturpflanzen bedeckt, vor allem von Oliven-, Mandel- und Obstbäumen. Bei den Tieren sind vor allem Vögel, Fische und Reptilien artenreich vertreten.

Felsklippen oberhalb der Baumgrenze sind meist nur spärlich bewachsen.

Wälder gibt es vor allem in der Serra de Tramuntana. Hier wachsen Aleppokiefern und Steineichen.

Olivenhaine prägen weite Teile der Insel. Stämme und Äste der Bäume sind häufig bizarr verdreht. Im Gebirge erfolgt die Landnutzung im Terrassenfeldbau.

Die Serra de Tramuntana reicht bis an die Küste. Nur in kleineren Buchten gibt es schmale Strände (meist Fels- und Kiesstrände). Die dramatische Landschaft erschließen Straßen sowie Wander- und Radwege.

Landschaft

Mallorca besitzt eine sehr abwechslungsreiche Landschaft: Küsten mit abgeschiedenen Buchten, ausgedehnte Ebenen und die Serra de Tramuntana bilden markante Naturräume. Im Nationalpark Cabrera *(siehe S. 170f)* und mehreren Naturparks stehen Flora und Fauna unter Schutz.

Sandstrände wie aus dem Bilderbuch: Feiner Sand, klares Wasser und eine sanfte Brandung sind für viele Gäste der Inbegriff von Urlaub. Einige Strände liegen in der Nähe von Hotels, andere sind etwas abgelegener.

Hohe Gipfel findet man vor allem im nördlichen Teil der Gebirgskette im Nordwesten. Der Puig Major ist mit 1445 Metern der höchste Berg Mallorcas.

Flora

Auf Mallorca gedeihen ungefähr 1500 Arten von Blütenpflanzen. Ab dem Spätwinter kann man eine wahre Farbenpracht bewundern. Nach der Blütezeit zeigt sich die Pflanzenwelt von einer völlig anderen Seite, trockene Regionen wirken im Sommer wie ausgedörrt.

Die für den Mittelmeerraum so typischen Ginstersträuche sind auch auf Mallorca weitverbreitet. Ihre leuchtend gelben Blüten sieht man im März schon von Weitem leuchten. Die Sträucher können Höhen von bis zu zwei Metern erreichen

Auf **Buchten** stößt man an gebirgigen Küsten häufig.

Macchia, immergrünes Gebüsch, wächst an felsigen Berghängen.

Die harten, immergrünen Blätter schützen die Steineichen vor dem Austrocknen.

Fauna

Auch die Tierwelt präsentiert sich auf Mallorca artenreich. Zu den nur in dieser Region lebenden Vogelarten gehört der Balearen-Sturmtaucher, weitere seltene Vogelarten sind etwa Mönchsgeier und Wanderfalke, über den Küsten ziehen Silbermöwen ihre Kreise – vor allem, wo noch gefischt wird. Zu den auf Mallorca lebenden endemischen Tieren zählen Reptilien wie etwa die Balearen-Eidechse. Auf Sa Dragonera *(siehe S. 113)* gibt es Hunderttausende von ihnen. Kleine Säugetiere wie Kaninchen leben in den Ebenen.

Balearen-Sturmtaucher knapp über dem Wasser

Unterwasserwelt

Die Naturschätze Mallorcas zeigen sich nicht nur auf der Insel selbst – auch das Meer birgt eine faszinierende Welt. Die vielen kunterbunten Fischarten kann man schon nahe der Küste hautnah erleben. Für Taucher und Schnorchler sind die Höhlen von felsigen Küstenabschnitten besonders spannend. Doch es geht auch ganz bequem: Bei einer Fahrt mit einem Glasbodenboot kommt man der Unterwasserwelt Mallorcas ebenfalls ganz nahe.

Kardinalfische treten in Schwärmen auf. Die Fischchen verstecken sich oft im Seegras.

Meerestiere

So artenreich sich die Fischwelt präsentiert – für die Entstehung von Korallenriffen ist das Wasser um Mallorca zu kalt. Die einzige hier lebende Korallenart ist die Gorgonie. Die größte Vielfalt an Lebewesen findet man am Meeresboden: Hier tummeln sich Fische und andere Meeresbewohner in allen Farben und Formen – ein Traum für Taucher.

Rocheneier

Tintenfisch-Auftriebskörper (Schulp)

Seeball

Hai-Eier

Die **Große Seenadel** verbirgt sich im Seegras. Seine Beute saugt der Fisch mit dem Rüssel ein. Die Eier brütet das Männchen aus.

Der **Tintenfisch** ist ein Raubtier, das seine Beute mit Tentakeln fängt. Er jagt beim Schwimmen oder vergräbt sich im Sand. Tintenfische können ihre Farbe dem Hintergrund anpassen. Bei Gefahr wird »Tinte« ausgestoßen, um den Gegner zu verwirren.

Blauhai

Steckmuscheln können bis zu einem Meter lang werden.

↑ *Seepferdchen in typischer Haltung*

→

Seesterne beeindrucken durch ihre geschmeidigen Bewegungen. Sie leben vorwiegend am Meeresboden.

Die Balearen-Eidechse ist überall an trockenen, sonnigen Stellen zu finden. Besonders viele dieser »Mini-Drachen« leben auf Sa Dragonera (siehe S. 113).

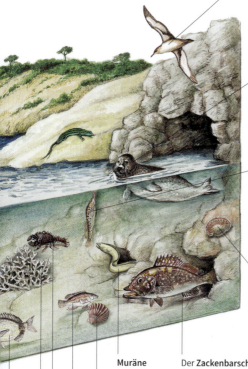

Balearen-Sturmtaucher sitzen am Wasser und fangen Krebse und kleine Fische. Die Vögel sind auf den Balearen heimisch und nisten in großen Kolonien.

Die **Mittelmeer-Mönchs-robbe** war früher an den Küsten verbreitet, ist aber heute fast ausgestorben.

Rotflecken-Ansauger besitzen keine Schuppen und saugen sich mit einem speziellen Organ zwischen ihren Bauchflossen an Felsen fest.

Seeohren (Haliotis-Muschel) gehören zu den Schnecken. In Ostasien gelten sie als Delikatesse.

Muräne

Mittelmeer-Kammmuschel

Lippfisch

Giebel

Der **Zackenbarsch** sieht zwar furchterregend aus, ist aber ein überaus friedlicher Zeitgenosse.

Der **Bärenkrebs** besitzt einen harten Panzer. Vorsicht: Der mit der Languste verwandte Meeresbewohner ist mit Stacheln bewaffnet – und agiler, als er wirkt.

Gorgonie (Hornkoralle)

Schon gewusst?

Viele Geheimnisse von Mallorcas Unterwasserwelt lüftet das Palma Aquarium *(siehe S. 80).*

Mit Tourenrädern am Meer

Aktivurlaub

Sporturlaub liegt auch auf Mallorca voll im Trend – ob nun Golf, Wandern, Radfahren oder Reiten, organisiert oder individuell, ambitioniert oder genussvoll. Wer als Abwechslung zu Strand, Shopping oder Kultur aktiv werden möchte, wird hier auf jeden Fall glücklich. Einfach ausprobieren, schon mancher entdeckte so ein neues Hobby.

Ab ins Wasser – die Unterwasserwelt vor der Küste erlebt man beim Tauchen oder Schnorcheln im kristallklaren Wasser – Auge in Auge mit Zackenbarsch und Co. Wer eine frische Brise bevorzugt, greift zu Surf- oder SUP-Board, setzt die Segel oder paddelt mit einem Kajak die Küste entlang. Dabei hat man auch gute Chancen, in einer einsamen Bucht einen Picknick-Stopp einzulegen.

Rauf aufs Bike – Mallorca zählt zu den beliebtesten Destinationen Europas für Radfahrer. Sei es nun mit dem Rennrad oder ein wenig abseits der geteerten Straßen auf dem Mountainbike.

Mallorca von oben genießt man etwa bei einer Ballonfahrt, einem Gleitschirmflug oder an Bord eines Hubschraubers. Aus ganz ungewohnter Perspektive entdecken Sie Ihre Lieblingsorte neu oder finden weitere Ziele.

Wandern und Radfahren

Ob Küste, Zentralebene oder Gebirge: Mallorca bietet grandiose Optionen für Aktivurlauber. Mediterranes Klima, Traumlandschaften und der Duft unzähliger Blüten machen Wanderungen und Radtouren zum Erlebnis. Das Angebot ist gigantisch – von Genuss bis Ambition. Tipp für Wanderer: Wenn Sie auf Fernwanderwegen wie dem GR-221 (150 km) in der Serra de Tramuntana nur Einzeletappen begehen möchten, erkundigen Sie sich nach Zu- und Abstiegsvarianten. Wer sich lieber einer geführten Tour anschließt, kann dies vor Ort oder online organisieren (z. B. www. camins-mallorca.info).

Schon gewusst?

Die besten Zeiten für einen Wanderurlaub sind Feb – Mai und Sep – Nov.

Dracheninsel und Ziegeninsel
Verbinden Sie das Wandererlebnis mit einer Bootsfahrt. Die Inseln Sa Dragonera *(oben; siehe S. 113)* und Illa Cabrera *(siehe S. 170f)* erreicht man bequem mit dem Boot. Auf beiden kann man schöne Wanderungen unternehmen. Orientieren Sie sich einfach an den Leuchttürmen, die Wanderwege führen direkt dorthin.

Wer es sportlicher mag, kann die Wanderung zur Tagestour verlängern und von Sóller über Biniaraix auf dem Fernwanderweg GR-221 in den Barranc de Biniaraix wandern. Hinter der Schlucht beginnt der Aufstieg zum Puig Cornador Gran (956 m). Auf dem gleichen Weg gelangt man wieder nach Sóller. Für die Tour (Höhendifferenz: 900 m) sollten Geübte sechs Stunden einplanen.

In der Serra de Tramuntana
Als Wanderer erreicht man das malerische Fornalutx von Sóller aus (1 Std.), der Höhenunterschied beträgt etwa 100 Meter. Bei einer Rundtour (2:30 Std.), auf der man auch das ebenso schöne Biniaraix passiert, sind es ca. 250 Höhenmeter. Der Weg führt durch Zitrus- und Olivenhaine, Einkehrmöglichkeiten gibt es in Fornalutx.

Am Strand
Lange Sandstrände *(siehe S. 22f)* verlocken zu ausgedehnten Wanderungen, sie bereichern einen Strandtag. Man kann auch ein etwas weiter entferntes Ziel besichtigen – z. B. von Can Picafort aus die Necròpoli de Son Real *(siehe S. 152)*. Genießen Sie das Wellenspiel des Meers – am besten barfuß.

Die Küstenpromenaden entlang

Kilometerlange Küstenpromenaden sind für Genussradfahrer ein Traum. Eine schöne Option ist die Promenade von Palma, auf der man den Hafen und die Strände in der Badia de Palma *(siehe S. 100f)* erreicht – und eine erfrischende Brise gibt es ebenfalls dazu.

Tipps

Ausrüstung: Für längere Wanderungen sollte man Wanderschuhe tragen, auch Wanderstöcke sind zu empfehlen. Nehmen Sie ausreichend Proviant und Wasser mit. Und natürlich: Sonnenschutz nicht vergessen!

Räder und Helme kann man fast überall leihen.

Zu Fuß und per Rad

Zu Fuß oder mit dem Fahrrad kommt man der Insel und ihrer wundervollen Natur besonders nahe. Viele Plätze laden zum Verweilen ein. Genießen Sie nicht nur die Aussicht, sondern auch die Wohlgerüche – z. B. während der Mandelblüte *(links)*.

Zum Cap de Formentor

Die Panoramastraße (18 km) von Port de Pollença zum Cap de Formentor *(siehe S. 132)* ist eine beliebte Radstrecke. Von Beginn an bieten sich tolle 360°-Aussichten, die knapp 500 Höhenmeter wollen aber bewältigt werden. Wer diese Route schafft, kommt auch auf den Bergstrecken der Serra de Tramuntana zurecht.

Zu idyllischen Buchten

Im Bergland der Serra de Tramuntana kann man von mehreren Orten zu Buchten hinabsteigen. Ein Paradebeispiel ist das Dorf Deià, von dem ein Weg zur Badebucht Cala Deià *(siehe S. 24)* führt. Badesachen nicht vergessen!

In der Zentralebene

Gelegenheitsradler finden in der Zentralebene Es Pla viele Routen. Schöne Radwanderungen auf asphaltierten Nebenstraßen führen etwa von Petra nach Montuïri (15 km) oder von Porreres nach Llucmajor (25 km). Wer einen ganzen Tag Zeit hat, wird die Rundtour Moscari – Costitx – Sineu – Búger – Moscari (60 km) genießen.

Genuss

Vom Spitzenrestaurant bis zur Tapas-Bar – Mallorcas Gastronomie ist bunt. In Top-Restaurants komponieren Kochkünstler Aromen für anspruchsvolle Gaumen, doch auch die traditionell-bodenständige Küche überzeugt. Die Zutaten stammen frisch vom Markt. Ganz im Stil des Südens nimmt man sich auch auf Mallorca für ein genussvolles Abendessen mehrere Stunden Zeit. Vor allem die Slow-Food-Bewegung auf der Insel will den Mallorquinern ihre kulinarische Identität zurückgeben.

Im urigen Ambiente ehemaliger Weinkeller tafelt man besonders stimmungsvoll, vor allem Inca bietet hier viele Optionen. Auch in den Tapas-Bars mit ihren langen Theken genießt man typisch mallorquinisches Flair. Übrigens: In Palmas Altstadt findet sich spätabends immer noch ein offenes Lokal, wenn alle anderen schon geschlossen haben.

Unter der Sonne Mallorcas reifen Trauben, aus denen edle Tropfen produziert werden. Eine Verkostung auf einem Weingut ist für Kenner ein Höhepunkt des Urlaubs. Oder wie wär's gleich mit einem Weinurlaub?

Vielfältige Tapas (siehe S. 49)

Mallorquinische Küche

Tradition und Frische kennzeichnen die Inselküche. Die Gerichte werden nach alten Rezepten und aus frischesten Produkten zubereitet. Bauernhöfe, Gemüsegärten und nicht zuletzt das Meer liefern die Zutaten. Begeben Sie sich auf kulinarische Streifzüge durch Restaurants, Tapas-Bars und Cafés. In den Ferienorten orientieren sich viele Lokale an den kulinarischen Gewohnheiten der Urlauber. Gehen Sie lieber dorthin, wo Einheimische essen. *Bon profit!*

Orangen in Top-Qualität aus mallorquinischem Anbau

Fischgerichte

Auf den Karten mallorquinischer Fischlokale findet man alles, was das Meer bereithält. Vor allem in Küstengebieten prägt Seafood das Angebot. Fischliebhaber schätzen das Langustengericht *caldereta de llagosta*. Zu den gefragten Delikatessen gehört *llobarro a la sal* (Wolfsbarsch im Salzmantel). Beliebt sind auch *calamares en su tinta* (Tintenfisch in eigener Tinte) und die *cassola de pescador* aus verschiedenen Fischsorten. Wer gern Muscheln isst, sollte *mejillones marinera* (Muscheln in Weinsauce) kosten.

Fleischgerichte und Wurstwaren

Wichtigster Fleischlieferant ist das Schwein. Von den Tieren werden alle Teile verarbeitet, neben Fleisch auch zu Wurstwaren und Schweineschmalz. Ein Klassiker ist *llom amb col* (eine Art Kohlroulade mit Schweinefleisch). *Porcella* (Spanferkel) gibt es in guten Restaurants und auf größeren Festen. Zu den beliebtesten Wurstspezialitäten gehören *jamón serrano* (luftgetrockneter Schinken), *botifarró* (Blutwurst) sowie *sobrassada*, eine mit Paprika gewürzte Streichwurst aus dem Fleisch der inseltypischen schwarzen Schweine.

Auch Lamm kommt in etlichen Zubereitungsarten vor, ein besonders gefragtes Gericht ist *brac de xot* (Lammschulter aus dem Ofen).

Eintöpfe und Pfannengerichte

Ein Klassiker ist die Gemüsepfanne *tumbet mallorquín*: Sie enthält in der Regel Paprika, Auberginen, Zucchini, Tomaten, Zwiebeln und Kartoffeln. Wichtig: Die Zutaten werden einzeln gebraten und dann aufeinandergeschichtet. Innereien sind neben Gemüse und Kartoffeln Hauptzutaten des Eintopfs *frit mallorquí*. Aus Safranreis so-

Schon gewusst?

Das Abendessen beginnt normalerweise erst um 21 Uhr und kann gern drei Stunden dauern.

Fideuà

Wie wäre es mit einer Variante zur klassischen *paella*? Ihren Namen hat diese »Nudel-*paella*« von den dünnen, an Spaghetti erinnernden Nudeln, die hier anstelle von Reis enthalten sind. Dazu noch eine erlesene Auswahl an Meeresfrüchten und buntem Gemüse – fertig ist ein vorzügliches Gericht, dessen appetitlichem Anblick man kaum widerstehen kann.

Pa amb oli
Ein Snack für alle Tageszeiten ist diese knusprige Brotspezialität – zum Hineinbeißen.

Gató amb gelat d'ametlla
Der mallorquinische Mandelkuchen findet sich auf so ziemlich allen Dessertkarten.

wie verschiedenen Fleisch- und Gemüsesorten wird *arròs brut* zubereitet. Wie in den meisten Küstenregionen Spaniens bekommt man auch auf Mallorca in vielen Restaurants *paella* – klassischerweise mit Meeresfrüchten und Fleisch oder als Variante mit Gemüse.

Tapas
Sie mit dem Begriff *fingerfood* zu umschreiben, würde diesen Appetithäppchen nicht gerecht – immerhin handelt es sich bei Tapas um ein spanisches Kulturgut, das auch aus Mallorcas Restaurants nicht wegzudenken ist. Das Angebot scheint grenzenlos: Zur Auswahl stehen gebratene, frittierte, eingelegte, geschmorte, geräucherte oder marinierte Häppchen – kalt oder warm. Die Auswahl an der Theke ist von Tapas-Bar zu Tapas-Bar unterschiedlich: von eingelegten Oliven und Artischocken über frittierte Tintenfischringe, *gambas* (Garnelen in Knoblauch) und *chipirones* (Baby-Calamares) bis zu geräucherter Wurst, *truita de patates* (Kartoffelomelett), Fleischbällchen und *empanadas* (mit Fleisch oder Gemüse gefüllte Teigtaschen).

Tipp für Tapas-Einsteiger: Bestellen Sie *tapas variadas*, eine Auswahl verschiedener Tapas.

Pa amb oli
Für viele Einheimische geradezu unverzichtbar ist *pa amb oli* (gesprochen: »pamboli«). Geröstete Brotscheiben werden mit Knoblauch und Tomaten eingerieben, mit Olivenöl beträufelt und mit Salz bestreut – diese mallorquinische Variation der italienischen *bruschetta* eignet sich wunderbar zum Frühstück, als Snack oder als Vorspeise. Je nach Gusto kann man sein *pa amb oli* auch mit Schinken oder Käse belegen.

Gebäck und Desserts
Mallorquinisches »Nationalgebäck« ist *ensaïmada*, der Stolz vieler Konditoren. Grundlage des schneckenartigen Gebäcks ist ein in Schmalz ausgebackener Teig. Typischerweise werden *ensaïmadas* nicht gefüllt, es gibt aber auch gefüllte Varianten (z. B. mit Kürbismarmelade). Beide werden oft noch mit Puderzucker bestreut. Das Gebäck ist übrigens ein sehr beliebtes Mitbringsel. Ein süßer Traum ist *gató amb gelat d'ametlla* (Mandelkuchen mit Mandeleis) – unwiderstehlich zum Kaffee. Ähnliches gilt für *greixonera de brossat* (Käsekuchen aus der Tonform) und *flan* (Karamellcreme).

Nicht zu vergessen die vielen fruchtig-sauren Desserts aus frischem Obst. Geradezu legendär sind die mit Orangen aus Sóller zubereiteten Spezialitäten wie etwa Sóller Flip *(siehe S. 124)*.

Ensaïmadas · Flaó ibicenco · Galletas de alaior (Aniskekse)

Formatjades · Cuscussó (Brotpudding) · Gató (Mandelkuchen)

Auswahl an mallorquinischem Kuchen und Gebäck

Mallorquinische Getränke

Der Anteil an importierten Weinen und Bieren geht zurück: Der Weinbau auf Mallorca erlebt seit den 1990er Jahren eine Renaissance, seit einiger Zeit schießen zudem immer mehr Mikrobrauereien aus dem Boden. Ob Brandy zum Kaffee, Sherry zu Tapas oder Kräuterlikör nach dem Essen: Auch viele Destillate stammen aus heimischer Produktion. Das Mineralwasser der Insel ist für seine Reinheit bekannt, die Fruchtsäfte aus frischem Obst sind nirgendwo besser.

Säfte
Am besten frisch gepresst: Säfte aus Zitrusfrüchten geben den richtigen Vitaminschub. Sehr beliebt ist Orangensaft.

Bier
Auf der Insel eröffnen immer mehr Mikrobrauereien und bereichern das Angebot an Bieren. Natürlich gibt es auch Importbiere, aber man sollte unbedingt auch den auf Mallorca produzierten Gerstensaft probieren.

Sangría
Viele Urlauber lieben das an Bowle erinnernde Mixgetränk aus Rotwein, Obststücken und Fruchtsaft. Aber Vorsicht: An Strandbars handelt es sich oft um dubiose Mischungen.

Typisch Mallorca: *ensaïmada* mit *café con leche*

Für viele Einheimische der Inbegriff von Genuss: zur Tasse Kaffee das mallorquinische »Nationalgebäck«. Diese grandiose Kombination passt überall und zu allen Tageszeiten – von früh bis spät. Auf Mallorca genießt man neben dem kleinen Schwarzen *(café solo)* auch Varianten mit wenig oder viel Milch *(cortado* bzw. *con leche)*. Ebenfalls beliebt: der *carajillo* mit einem Schuss Brandy.

Schon gewusst?

Wasser kommt aus der Serra de Tramuntana. Es gibt stille und spritzige Varianten *(amb gas* bzw. *sense gas)*.

Hierbas

Die *hierbas* genannten Liköre gibt es in diversen Kräutermischungen, Anis ist immer enthalten. Kräuterliköre sind ein beliebter Digestif.

Wein

Auf Mallorca boomt der Weinbau. Die Weißweine passen sehr gut zu Fischgerichten. Moll (Prensal Blanc) zählt zu den begehrtesten weißen Rebsorten. Etwa 80 Prozent der edlen Tropfen Mallorcas sind Rotweine. Viele der renommiertesten stammen aus dem Anbaugebiet Binissalem. Ganz besonders gefragte Rebsorten sind etwa Manto Negro, Callet und Fogoneu.

Wellness

Wohlfühloase Mallorca – die Balearen-Insel ist »die« Adresse für Beauty und Wellness, zum Chillen und Genießen. Das Angebot scheint grenzenlos, das Ambiente ist nicht zu toppen. Die Suche nach einer Auszeit vom Stress hat sich bei allen Altersgruppen zum Trend entwickelt. Die Sonneninsel liefert dazu allerfeinste Zutaten für Verwöhnprodukte wie Mandelöl, Aloe vera, Orangenblüten und Flor de Sal. Glücksmomente sind garantiert, vielleicht fühlen Sie sich nach einer entspannenden Anwendung sogar fast wie neugeboren.

Inspirierender Blütenzauber, leise Chill-out-Musik, dezente Beleuchtung oder natürliches Licht mit Aussicht auf Meer und Berge und frisch gepresste Fruchtsäfte machen den Aufenthalt im Wohlfühltempel – vom Wellness-Hotel bis zum Ayurveda-Resort – zu einem Erlebnis für die Sinne. Einfach die Augen schließen und sich verwöhnen lassen.

Ob orientalischer Hamam, Finnische Sauna, Thai-Massage oder indische Heilkunst: So zeitlos vieles auf Mallorca wirkt, so international und modern ist das Angebot für Schönheit und Pflege, Gesundheit und Fitness. Seien Sie gut zu sich.

Hotelterrasse in Pollença

Spas, Beauty und Yoga

Regeneration und Entspannung, Wellness und Beauty – immer mehr Urlauber orientieren sich bei der Wahl ihres Reiseziels auch an den Wohlfühlangeboten vor Ort. An Mallorca führt diesbezüglich kein Weg vorbei: Die Insel zählt zu den Trendsettern. Wellness-Hotels bieten Rundumpakete für Körper, Geist und Seele – auch für Nicht-Gäste. In einigen Spas findet man auch Anwendungen unter freiem Himmel, von Massage bis Maniküre, Ayurveda oder Yoga.

Schon gewusst?

Yoga ist eine der sechs klassischen Schulen (Darshanas) der indischen Philosophie.

Wellness-Hotels

Nach wohltuenden Gesichts- und Körperbehandlungen im Hotel-Spa kann man im Pool ideal entspannen. Von einem Infinity Pool ist die Aussicht traumhaft. Jacuzzi, Erlebnisduschen und Sprudelliegen bieten Wasserspaß, in den Saunen kommt man in den Genuss von Farblicht- und Aromatherapie.

Top 5 Wellness-Hotels

- ★ St. Regis Mardavall Resort, Costa d'en Blanes
- ★ Mon Port Hotel & Spa, Port d'Andratx
- ★ Jumeirah Port Sóller Hotel & Spa, Port Sóller
- ★ Hotel Reads Balance, Santa Maria del Camí
- ★ Blau Beach Resort & Spa, Porto Petro

Entschleunigung, Entspannung, Meditation

Einfach mal zur Ruhe kommen und so richtig abschalten. Auf Mallorca finden Sie genau das Flair, um die Seele baumeln zu lassen. Ein Tag bei absoluten Wellness-Profis kann der Urlaubserholung den letzten Kick geben.

Massagen

Lieber klassisch oder fernöstlich? Special Treatments wie Hot-Stone-Massagen und Lymphdrainagen, Klangschalenmassagen und Peelings runden das breite Angebot der Wellness-Oasen ab. Bei dieser Auswahl haben Verspannungen keine Chance.

Yoga

Neue Kraft schöpfen, Energie in die richtigen Bahnen lenken und Gelassenheit finden: Idyllisch gelegene Yoga-Retreats haben Workshops und Kurse für sämtliche Niveaus im Angebot. Bereichern Sie Ihren Traumurlaub um die Facette aktiver Entspannung.

Top 3 Yoga-Retreats
★ Finca Hotel Amapola, Campos
★ Earth Yoga, Palma
★ Finca Son Mola Vell, Son Macià

Aloe vera

Schon Kleopatra nutzte sie zur Pflege. Die vielseitige Heil- und Kosmetikpflanze wird auf der Aloe vera Farm Mallorca im Öko-Anbau kultiviert, in den Shops kann man Produkte kaufen (www.aloe-mallorca.com).

Zauber des Südens

Blauer Himmel, mediterranes Licht, Blumen in voller Farbenpracht, in der Luft die Aromen des Mittelmeerraums – allein schon auf einer blühenden mallorquinischen Wiese kann man den Alltag schnell vergessen und zur Ruhe kommen.

Ayurveda

Indische Heilkunst wird heute weltweit praktiziert, auch auf Mallorca. Die Behandlungen reichen von Aktivierung der Selbstheilungskräfte bis zu Anti-Aging. Zu den zentralen Elementen gehört auch gesunde Ernährung nach den Prinzipien vedischer Kochkunst (www.ayurveda-mallorca.de).

Shopping

Fashion-Fans erliegen quasi sofort dem unwiderstehlichen Reiz der Shopping-Metropole Palma. Ob Mode, Accessoires, Schmuck und Düfte: In den vielen Boutiquen der Inselhauptstadt findet man alles für den perfekten Look – von Designer-Labels bis zur hippen High Street Fashion. Dazwischen stößt man auf kleine witzig-interessante Läden – verführerische Schatztruhen, in denen man stundenlang stöbern kann.

Lust auf Insel-Shopping? Nicht nur die mallorquinische Metropole setzt Trends, auch in vielen abgelegeneren Orten findet man attraktive Produkte – von original bis originell: Kunstperlen in Manacor, Glas in Algaida, Lederwaren in Inca, Keramik in Felanitx, Korbwaren in Artà, Wein um Binissalem. Nicht zu vergessen: die Outlets.

Märkte und Markthallen – das »wahre« Mallorca entdeckt man auf Wochenmärkten und in Markthallen wie Palmas Mercat de l'Olivar. Das kulinarische Paradies der Inselhauptstadt ist eine wahre Fundgrube für Mitbringsel oder um sich selbst an den Aufenthalt auf der Sonneninsel zu erinnern.

Körbe in allen Farben

Souvenirs

Kunsthandwerk, Parfüms, Accessoires, Lederwaren oder Schmuck: Das Angebot an schönen (und zudem nützlichen) Mitbringseln von der größten Balearen-Insel ist breit gefächert. Hier finden Sie vieles, was Ihren Alltag verschönert oder Ihren Lieben daheim eine Freude macht. Mallorquinische Produkte kann man direkt beim Produzenten kaufen, ein Bummel über einen der Märkte ist ein Genuss. Typische Souvenirs sind Kunstperlen, Glaswaren, Keramik und Delikatessen wie Wein, Oliven- und Mandelöl.

Deko-Artikel

Accessoires gehören zu den beliebtesten Souvenirs. Die Vielfalt an Formen, Farben und Mustern ist erstaunlich. Die Artikel sind nicht nur als Blickfang sehr ansprechend, sondern auch nützlich, z. B. zum Aufbewahren wie etwa die bunten Salz- und Pfefferstreuer.

Bunte Salz- und Pfefferstreuer

Schuhe

Schuhe in sämtlichen Styles und Farben findet man nicht nur in der »Lederstadt« Inca *(siehe S. 150)*, sondern auch in Läden anderer Städte.

Auswahl an Schuhen vor einem Laden

Körbe aus Weidenzweigen

Korbwaren

Die Korbflechterei hat auf Mallorca eine lange Tradition. Nicht nur Urlauber kaufen hier produzierte Korbwaren, die in allen Formen und Größen angeboten werden.

Delikatessen

Neben Käse- und Wurstspezialitäten gehören auch Marmeladen und Honige zu den begehrtesten Delikatessen der Insel, die man auf Märkten wie Palmas Mercat de l'Olivar *(siehe S. 104)* kosten kann.

Angebot an Honig und Eingelegtem

Kunstperlen

Kunstperlen sind ein typisches Produkt der Insel, allerdings nicht ganz billig. Beim Kauf bekommt man ein Echtheitszertifikat. Es gibt fertige Schmuckstücke und auch einzelne Perlen.

Schöne Ketten aus mallorquinischen Kunstperlen

Schon gewusst?

Bereits die Phönizier haben 200 v. Chr. auf Mallorca Glas hergestellt.

Glasfabrik Gordiola

Qualitativ hochwertige Glasobjekte aus Mallorca waren in früheren Zeiten so begehrt wie jene aus Venedig. Bis heute werden die meisten nach traditionellen Entwürfen angefertigt. Wie Glaskunst entsteht, erleben Sie etwa in der Glasfabrik Gordiola. Lampen, Schalen, Vasen, Schmuck, Figuren und vieles mehr: In der ältesten Glasfabrik der Insel erlebt man jahrhundertealte Handwerkstradition hautnah. Besucher der Produktionsstätte können den Glasbläsern bei der Arbeit zusehen. Die in der Schaufabrik hergestellten Glaswaren werden im Shop nebenan verkauft – ein Muss für Mallorca-Urlauber *(siehe S. 161)*.

Delfinfigur aus der Glasfabrik Gordiola

Festa del Much in Sineu

Fiestas

Der Nachthimmel über Mallorca leuchtet oft in allen Farben, ein gigantisches Feuerwerk ist der Höhepunkt vieler Feste – ganz im Einklang mit Mallorcas Beinamen »Insel des Lichts«. Neben Pyrotechnik und Feuer tragen mancherorts auch wilde Teufel und merkwürdige Fabelwesen sowie bei den Karfreitagsprozessionen »Kapuzenmänner« zum schaurig-schönen Flair mancher Veranstaltungen bei. Allein schon eine Reise wert ist der kunterbunte mallorquinische Karneval.

Es Firó – das Nachstellen historischer Schlachten in Kostümen der Zeit und mit Kampfgeschrei zählt zu den größten Spektakeln. Doch keine Angst, auch wenn es hier richtig zur Sache geht: Bei den »Schlachten« fließt kein Blut, dafür der Wein in Strömen – nach der Verbrüderung.

Fires i festes – traditionelle Feste zu Themen wie Wein oder Wurst, Melonen oder Mandelblüte sowie Jahrmärkte und Messen sind immer ein kulinarischer Genuss.

Musikliebhaber aufgepasst – der Reigen an Veranstaltungen reicht von Klassik über Folklore und Jazz bis zu Sibyllengesang. Klaviermusik auf höchstem Niveau gibt es beim Festival Chopin in Valldemossa.

DAS JAHR AUF
MALLORCA

Januar

Revetlla i Beneïdes de Sant Antoni *(16. Jan)*. In einigen Städten werden am Abend im Gedenken an den hl. Antonius Lagerfeuer entzündet.

△ **Sant Sebastià, Palma** *(20. Jan)*. Tag des Schutzheiligen von Palma. Die Hauptstadt feiert ihren Patron mit zahlreichen Veranstaltungen. Viele Feiernde sind als Teufel verkleidet.

Februar

Karneval *(Feb)*. Während des Karnevals füllen sich die Straßen von Mallorca mit Unmengen von Faschingspartys, Paraden und traditionellen Volksfesten. Die größte Parade findet in Palma statt. Der Zauber endet am Faschingsdienstag mit der Verbrennung oder Beerdigung einer Sardine aus Pappmaschee.

△ **Mandelblüte** *(Feb)*. Wenn die Mandelbäume blühen, verwandelt sich die Insel in ein duftendes Blütenmeer aus zartem Rosa.

Mai

△ **Es Firó de Sóller** *(Mitte Mai)*. Nachstellung der Schlacht der Sarazenen gegen die Christen von 1561, Einheimische verteidigen die Stadt gegen einen Piratenangriff.

Gran Premi Nacional de Trot, Palma *(Mai)*. Im Hipòdrom Son Pardo findet ein großes Trabrennen statt.

Juni

△ **Fiesta des Sant Antoni de Juny, Artà** *(13. Juni)*. In Artà wird der hl. Antonius, Schutzpatron der Tiere, mit einem Umzug, bei dem sich Einheimischen als Pferde verkleiden, geehrt.

San Pedro y San Pablo *(29. Juni)*. Zum Petrusfest finden in mehreren Städten Schiffsprozessionen und Feuerwerke im Hafen statt.

September

△ **Nit de l'Art, Palma** *(Mitte Sep)*. Wichtiges Kunstevent, bei dem Galerien, Museen und Ateliers bis spätabends geöffnet haben.

Festa des Vermar, Binissalem *(Ende Sep)*. Am Ende der Traubenernte wird Binissalem für zwei Wochen zur Partyzone mit Weinproben, Traubenstampfen und Umzügen.

Oktober

△ **Torrada d'es Botifarró, Sant Joan** *(1. So im Okt)*. Beim Fest der Wurst kann man zusehen, wie die traditionelle Wurst hergestellt und am offenen Feuer gegrillt wird. Danach gibt es die traditionellen Tänze Xeremies i Capgrossos.

März

Diada de Balears *(1. März).* Am Tag der Balearen wird die Unabhängigkeit von Spanien als autonome Provinz gefeiert. In Palma gibt es einen Markt, Straßenmusik und Folklore.

△ **Trofeo Princesa Sofia, Palma** *(März/Apr).* Die Segelregatta findet wie immer in der Bucht von Palma statt und gilt als eine der bedeutendsten Regatten im Mittelmeerraum.

April

Fira del Ram, Palma *(März – Apr).* Die Kirmes in Palmas Industriegebiet Son Fustaret bietet viele Attraktionen, darunter ein Riesenrad, viele Fahrgeschäfte, Buden und Stände mit typischen Leckereien.

△ **Setmana Santa** *(März/Apr).* Die Karwoche ist auf Mallorca traditionell voller Rituale und Prozessionen, um an das Leiden Christi zu erinnern. Die Prozessionen beginnen am Palmsonntag und dauern die ganze Woche.

Juli

△ **Virgen del Carmen** *(15./16. Juli).* In den Häfen aller größeren Orte finden Schiffsprozessionen mit reich geschmückten Statuen oder Bildnissen der Heiligen Jungfrau statt.

Fiestas de Sant Jaume *(25. Juli).* Der hl. Jakob wird in mehreren Ortschaften mit Prozessionen mit Pferden und Trommlern gefeiert.

August

△ **Festival Chopin, Valldemossa** *(jeden So im Aug).* Klavierkonzerte internationaler Musiker zu Ehren Chopins im Kreuzgang der berühmten Kartause in Valldemossa.

Festes de Sant Bartomeu *(Ende Aug).* Bunte Feste zu Ehren des Schutzheiligen Sant Bartomeu in Algaida und Montuïri mit den typischen *Cossiers*, historischen mallorquinischen Tänzen.

November

Fira d'Artesania, Pollença *(Anf. Nov).* Kunsthandwerksmesse mit Produkten aus Mallorca.

△ **Dijous Bo** *(Mitte Nov).* Dijous Bo, früher ein wichtiger Viehmarkt, ist heute ein buntes Volksfest mit vielen Ständen, an denen Kunsthandwerk, Lederwaren und typisch mallorquinische Erzeugnisse angeboten werden, Fahrgeschäften und Kirmesbuden.

Dezember

Weihnachten *(24./25. Dez).* Die Feierlichkeiten beginnen mit der Mitternachtsmesse am Heiligen Abend. Am 1. Weihnachtsfeiertag trifft sich die Familie zum traditionellen Essen.

△ **Festa de l'Estendard, Palma** *(31. Dez).* Neben Silvester wird an diesem Tag in Palma auch l'Estendard zur Eroberung der Stadt durch König Jaime im Jahr 1229 gefeiert.

Valldemossa (siehe S. 120)

Historie

Mallorca hat eine sehr bewegte Geschichte hinter sich. Die erste menschliche Besiedlung fand etwa 4000 v. Chr. statt, wovon Funde in Höhlen zeugen. Es folgte die Talayot-Kultur mit ersten Behausungen aus Stein und markanten Türmen *(talayots)*, die dieser Kultur ihren Namen gaben. Unter den Römern wurden Siedlungen gebaut, aus dieser Zeit rührt auch der Name der größten Insel der Balearen. Von der maurischen Zeit zeugen vor allem der Terrassenanbau und neue Bewässerungssysteme. In den Jahrhunderten nach der christlichen Reconquista entwickelte sich die Insel wechselhaft.

Im 19. Jahrhundert entdeckten dann erste Besucher die Insel, darunter Frédéric Chopin und George Sand sowie der österreichische Erzherzog Ludwig Salvator. Ihnen folgten später viele Künstler und Schriftsteller, die von der Landschaft und den Traditionen Mallorcas fasziniert waren.

Heute ist der Tourismus der bedeutendste Industriezweig auf Mallorca, doch gibt es Bestrebungen, den Massentourismus, der sich seit den 1970er Jahren entwickelt hat, etwas einzudämmen.

1

KURZE
GESCHICHTE

Spuren von Mallorcas bewegter Geschichte findet man noch heute überall – von Ruinen prähistorischer Bauten bis zu eindrucksvollen Dokumenten arabischer Gartenkunst. Die katalanische Kultur auf Mallorca blühte nach dem Ende der Diktatur (1975) wieder auf.

Frühgeschichte und Talayot-Kultur

Man nimmt an, dass die ersten Menschen etwa 4000 v. Chr. von der Iberischen Halbinsel oder dem heutigen Südfrankreich aus die Balearen besiedelten. Sie ließen sich in Höhlen an den Küsten nieder. Zu einem Umbruch der prähistorischen Besiedlung kam es um 1300 v. Chr., als Menschen aus dem östlichen Mittelmeerraum auf Mallorca ankamen und Ackerbau und Viehzucht einführten. Sie bauten steinerne Wohnbefestigungen, die teils auch als Begräbnisstätten oder Kultorte dienten, mit Wachttürmen, *talayots*. Zeugnisse dieser frühen Kultur findet man in Capocorb Vell *(siehe S. 163)* und Ses Païsses *(siehe S. 144)*.

Schon gewusst?

Die Jardines de Alfàbia *(siehe S. 122)* sind ein sehr schönes Beispiel arabischer Gartenbaukunst.

Chronik

1300 v. Chr.
Talayot-Kultur: prähistorische Siedlungen wie Capocorb Vell

123 v. Chr.
Beginn der 500 Jahre andauernden Herrschaft der Römer

902
Beginn der 300-jährigen Herrschaft der Mauren aus dem Emirat Córdoba

1229
Eroberung der Inseln durch den katalanischen König Jaume I (»El Conqueridor«)

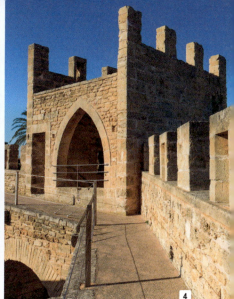

Römer

Die Talayot-Kultur fand 123 v. Chr. ein Ende, als römische Legionäre die Insel besetzten. Die Römer gründeten etliche Siedlungen, darunter Palma und Alcúdia. Der größten Insel gaben die Römer den Namen »Balearis Major« bzw. »Majorica«, woraus sich der heutige Name ableitet. Während der römischen Zeit wurden auf Mallorca Olivenplantagen und Weinberge angelegt, auch begann man mit dem Abbau von Salz. Darüber hinaus entstanden etliche Bauwerke. Einige sind noch heute zu sehen, etwa in Alcúdia *(siehe S. 142f)*.

Maurenherrschaft

Zwischen 902 und 1229 kam es zur Besetzung durch muslimische Mauren, für die Mallorca ein strategisch wichtiger Stützpunkt zwischen Nordafrika und Europa war. Ab 1015 war Mallorca ein eigenständiges Emirat mit Palma als Hauptstadt. Nur wenige Zeugnisse aus dieser Zeit haben überdauert. Ausnahmen sind die terrassierten Felder in der Serra de Tramuntana, wie sie noch in Banyalbufar und Estellencs *(siehe S. 112)* zu sehen sind.

1 *Spuren der Talayot-Kultur in Ses Païsses* ↑

2 *Von den Arabern stammen die terrassierten Felder*

3 *Das gotische, kreisrunde Castell de Bellver thront über Palma*

4 *Alte Stadtmauer von Alcúdia*

1349
Eroberung Mallorcas durch die Aragonier (Pedro IV)

1802
Beginn der spanischen Herrschaft (bis heute)

Christoph Kolumbus

1492
Entdeckung Amerikas: Die Balearen geraten in eine wirtschaftliche Randlage

1652
Ausbruch der Pest

Junípero Serra (1713–1784)

1833
Inbetriebnahme der Fährlinie Barcelona–Palma

1

2

Reconquista und Königreich Mallorca

Die maurische Herrschaft war den christlichen Machthabern
natürlich ein Dorn im Auge, und so begann im 8. Jahrhundert
die christlichen Reconquista. 1229 eroberte der katalanische
König Jaume I (»El Conquidor«) Mallorca. In der Folgezeit
entstanden zahlreiche Befestigungen zum Schutz vor Feinden,
zudem Kirchen, Klöster und Gutshäuser. Nach dem Tod von
Jaume I 1276 fiel Mallorca an dessen Sohn Jaume II. Das Königreich Mallorca wurde zu einem wichtigen Handelsposten. 1349
wurde die Insel nach erbitterten Kämpfen dem Königreich Ara-
gon einverleibt.

Wechselvolle Jahrhunderte

Mit der Entdeckung Amerikas verlor Mallorca an Bedeutung,
Seuchen, Kriege und Piratenüberfälle schwächten die Insel
zusätzlich. In der Folgezeit entwickelte sich Mallorca jedoch
wieder positiv, viele repräsentative Bauten entstanden. Unter
den *Reyes Católicos* war Mallorca selbstständiger Teil der Krone von Aragón und später von Spanien, Anfang des 18. Jahrhunderts verlor es jedoch die Selbstständigkeit.

Frédéric Chopin und George Sand

Das berühmte Künst-
lerpaar *(siehe S. 121)*
verbrachte den Winter
1838/39 im Kloster des
Bergdorfs Valldemossa
(siehe S. 120). In ihrem
Buch *Ein Winter auf
Mallorca* preist die
französische Schrift-
stellerin Sand Vallde-
mossa als schönsten
Ort, den sie je besuch-
te. Der Aufenthalt der
beiden wird als Beginn
des Tourismus auf Mal-
lorca angesehen.

Chronik

1838
Besuch von Fré-
déric Chopin und
George Sand in
Valldemossa

19. Jh.
Wirtschaftlicher Aufschwung:
Mandelanbau, Wein- und
Obstanbau, *Modernisme*-
Gebäude in Palma

1867
Besuch des österrei-
chischen Erzherzogs
Ludwig Salvator auf
Mallorca

1875
Eröffnung der
Eisenbahn von
Palma nach Inca

1912
Zuglinie
Palma – Sollér

Mallorca unter Franco

Im Spanischen Bürgerkrieg fiel Mallorca bereits 1936 an Truppen von General Francisco Franco, der die Balearen als Stützpunkte nutzte. Nach dem Ende des Zweiten Weltkriegs wurde Mallorca als Urlaubsinsel entdeckt. Es entstanden große Hotel- und Ferienanlagen, der Tourismus wurde zum Wirtschaftsfaktor Nummer eins.

Neuzeit

Nach Francos Tod 1975 wurde Spanien demokratisiert, König Juan Carlos I ließ 1977 erstmals wieder freie Wahlen ausrichten, es wurde eine neue Verfassung verabschiedet und die konstitutionelle Monarchie als Staatsform festgelegt. Die Balearischen Inseln erhielten 1983 den Status einer autonomen Region Spaniens, das Sprechen des Katalanischen bzw. Mallorquinischen, das unter Franco verboten war, wurde wieder erlaubt. Der Massentourismus der 1970er Jahre veränderte das Erscheinungsbild der Insel nachhaltig. Gegen das »Ballermann«-Image in jüngster Zeit wehren sich die Einheimischen inzwischen vehement.

1 *Die* Modernisme-*Fassade des Gran Hotel in Palma* ↑

2 *Der »Rote Blitz« auf der Strecke Palma – Sóller*

3 *S'Arenal an der Platja de Palma*

5 *Der moderne Aeroport de Son Sant Joan*

6 *Im Hafen von Palma legen viele Kreuzfahrtschiffe an*

1936–1939
Spanischer Bürgerkrieg: Mallorca steht auf der Seite der Faschisten

1939–1975
Franco-Diktatur

1975
Nach Francos Tod parlamentarische Demokratie

1960
Eröffnung des Flughafens Palma

1983
Comunitat Autònoma Illes Balears (Autonome Region)

2016
König Felipe VI. und Königin Letizia verbringen alljährlich auf Mallorca ihre Ferien

Daten und Fakten

Geografische Daten

Fläche: 3603,7 km²; einschließlich der vorgelagerten Inseln 3622,5 km² (viermal so groß wie Deutschlands größte Insel Rügen)

Ausdehnung:
West – Ost 95 km, Nord – Süd 80 km

Naturräume: Im Nordwesten Gebirge (Serra de Tramuntana), im Landesinneren weite Ebenen (Es Pla), im Osten Hügelland (Llevant), vielfältige Küstenlandschaften

Höchster Berg: Puig Major mit 1445 m (insgesamt elf »Eintausender«; alle in der Serra de Tramuntana)

Küstenlänge: 550 km

Strände: über 200

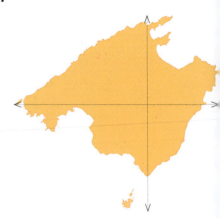

Entfernung von Palma

Barcelona	245 km
Zürich	990 km
München	1190 km
Frankfurt am Main	1265 km
Wien	1456 km
Berlin	1658 km

Lage

38°16' bis 39°58' nördlicher Breite,
2°21' bis 3°28' östlicher Länge

Zeitzone

Mitteleuropäische Zeit (MEZ) bzw. Mitteleuropäische Sommerzeit (MESZ; Ende März – Ende Okt)

Verwaltung

Mallorca ist die größte Insel Spaniens, einer parlamentarischen Erbmonarchie, die sich in 17 Autonome Gemeinschaften gliedert.

Flagge von Spanien

Mallorca bildet gemeinsam mit den anderen Balearen-Inseln (Menorca im Nordosten sowie Ibiza und Formentera im Südwesten) die Comunitat Autònoma Illes Balears (Autonome Gemeinschaft Balearen).

Palma ist Hauptstadt der Autonomen Gemeinschaft und Sitz der Regierung. Die größte Stadt der Balearen ist ein bedeutendes Wirtschafts- und Verkehrszentrum sowie eine gefragte Urlaubsdestination.

Wappen von Palma

👪 Bevölkerung

Einwohner: 910 000 (etwa die Hälfte Hamburgs), davon 18 200 Deutsche; Bevölkerungsdichte: 243 Einwohner/km² (etwas höher als in Deutschland)

Hauptstadt: Palma: 415 000 Einwohner (etwa so viele wie Zürich); 45 % der Inselbevölkerung

Weitere Städte:
Manacor: 44 000 Einwohner
Inca: 30 000 Einwohner
Alcúdia: 20 000 Einwohner

Sprachen: Katalanisch *(català)* und Spanisch sind auf Mallorca Amtssprachen, der katalanische Dialekt Mallorquinisch *(mallorquí)* dient als Verkehrssprache. Die in der Tourismusbranche tätigen Mallorquiner sprechen oft auch Deutsch und Englisch.
   Auf Hinweisschildern sind katalanische Bezeichnungen üblich (z.B. *platja* = Strand, *port* = Hafen oder *coves* = Höhlen anstelle der spanischen Begriffe *playa*, *puerto* bzw. *cuevas*).

〽️ Wirtschaft

Beschäftigungsstruktur: 63 % Tourismus; 20 % weitere Dienstleistungen; 15 % Industrie und Gewerbe (vor allem Baubranche); 2 % Landwirtschaft.

Exportschlager: Schuhe (und andere Lederwaren), Schmuck (vor allem Perlenschmuck), Wein, Zitrusfrüchte, Autos (von Mietwagenfirmen ausgemusterte Fahrzeuge, die als gebrauchte EU-Reimporte nach Europa gelangen), Olivenöl, Mandeln und Mandelprodukte (u. a. Parfüm), Wurstwaren, Meersalz.

Größter Weinhersteller: Bodega José L. Ferrer mit einer Jahresproduktion von rund 10 000 Hektolitern.

Tourismus: Jährlich rund 12 Millionen Urlauber.
Größte Urlaubergruppen nach Nationalität:
Deutschland: 38 %
Großbritannien 22 %
Spanien: 11 %

Verkehr

Flugverkehr: Palmas Flughafen (Aeroport de Son Sant Joan; PMI) ist nach Madrid-Barajas (MAD) und Barcelona-El Prat (BCN) Spaniens drittgrößter Airport. Hier können jährlich bis zu 34 Millionen Passagiere abgefertigt werden.

Kreuzfahrttourismus: Palmas Hafen ist von überragender Bedeutung – auch für den Kreuzfahrttourismus. Ein Landgang in Palma gehört zu den Highlights einer Mittelmeerkreuzfahrt. Einige dort anlegende Riesenkreuzer gehören zu den größten der Welt. In der Hochsaison liegen an manchen Tagen bis zu sieben Kreuzfahrtschiffe gleichzeitig in Palmas Hafen vor Anker, ab 2023 dürfen es nur noch drei sein.

Straßenverkehr: Autobahnen führen von Palma nach Peguera im Westen (Ma-1), Alcúdia im Nordosten (Ma-13) und Llucmajor im Südosten (Ma-19). Anspruchsvolle Traumstrecken sind die Panoramastraßen zum Küstenort Sa Calobra im Nordwesten und zum Cap de Formentor im Norden.

Klima

Temperaturen

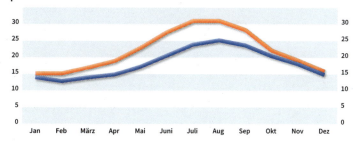

— Mittlere Tagestemperatur (mittags) in °C
— Mittlere Wassertemperatur in °C

Sonnenstunden und Regentage

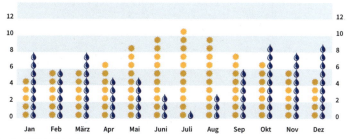

⬤ Durchschnittliche tägliche Sonnenstunden
💧 Durchschnittliche Regentage pro Monat

MALLORCA
ERLEBEN

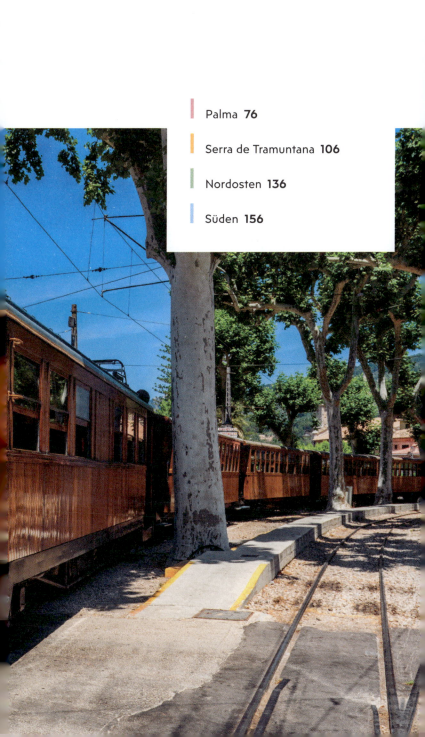

MALLORCA
AUF DER KARTE

Mallorca, die größte spanische Insel (ca. 3620 km²), ist die zentrale Insel der Balearen. Zu dem Archipel vor der Ostküste Spaniens gehören auch Menorca im Nordosten sowie Ibiza und Formentera im Südwesten Mallorcas. Die Westspitze der Insel liegt etwa 200 Kilometer südlich von Barcelona und 240 Kilometer östlich von Valencia.

Weit über zehn Millionen Urlauber zieht es jährlich hierher, rund ein Drittel davon aus Deutschland – von Sonnenanbetern über Naturliebhaber, Outdoor-Fans, Genussurlauber, Kulturreisende und Nachtschwärmer bis zu Shopping-Touristen.

Mallorca ist von Mitteleuropa aus in kaum mehr als zwei Flugstunden zu erreichen.

Sa Calobra
Cala Tuent
Puig M 1445
Port de Sóller
Fornalutx
Cala Deià   Ma-10   Sóller
Son Marroig   Deià   S
Port de Valldemossa   Jardines de Alfàbia   A
Port de Canonge   Valldemossa
Banyalbufar   Bunyola   Binissa
La Granja   Palmanyola
Estellencs   Esporles
La Reserva   Puigpunyent
Puig de Galatzó   Ma-11
Sa Dragonera   Ma-10   Establiments   Ma-13A   Sa Cabane
Sant   Galilea   Ma-20
Elm   Aeroport de
S'Arracó   Calvià   Son Sant
Andratx   Gènova   PALMA   Joan   Ma
Cala Major   Sant
Port d'Andratx   Portals Nous   Can
Pastilla   Palma   Ma-19   M
Peguera   Marineland   Aquarium
Palmanova   S'Arena
Santa Ponça   Badia de Palma
Magaluf   Aqualand
Son Ferrer   Cala Blava   El Arenal
Cap de   Ma-6014
Cala Figuera
Badia Gran
Capocor
Cap Blanc

Die beliebte Stran bucht Cala Deià m steiler Felskulisse

0 Kilometer 10

N

Mallorcas Strände

Mallorca hat über 200 Strände – von schwer erreichbaren, romantischen Buchten, die man auch *Calas* nennt, bis hin zu breiten Sandstränden mit allen nur erdenklichen Einrichtungen. Einige der schönsten Strände werden auf den Seiten 22–25 und 100f präsentiert. In der Saison 2022 wurden 23 Strände mit der Blauen Flagge für Wasserqualität, Umweltmanagement, Sicherheit und Dienstleistung ausgezeichnet. Viele Strände verfügen über einen behindertengerechten Zugang, sechs davon an der Badia de Palma. Elf Strände sind mittlerweile zu rauchfreien Zonen erklärt worden.

Palma

Die Hafenstadt Palma (früher: Palma de Mallorca) präsentiert sich mediterran und kosmopolitisch, eine Kapitale der Vielfalt und Kontraste: Traditionen und Trends, Altstadt und Avantgarde, Palmen und Paläste, Kirchen und Küste, Gassengewirr und Genusstempel, Burgen und Boutiquen, *modernisme* und Meer, Fischernetze und Flaniermeilen. Und über allem thront auf einem Hügel unübersehbar die Kathedrale wie ein mächtiges, jederzeit auf Kurs liegendes Schiff. Die Hauptstadt Mallorcas und der Balearen ist ein Muss – wenigstens bei einem Tagesausflug. Palma ist allerdings auch lohnendes Ziel einer mehrtägigen Städtereise.

Die Inselmetropole hat rund 415 000 Einwohner, etwa so viele wie Zürich. Noch ein Vergleich: Palma trägt den Beinamen »kleine Schwester Barcelonas«. Kein Wunder, sind doch die Gemeinsamkeiten beider Städte offensichtlich: Viele Bauten aus Jugendstil und Gotik, eine eindrucksvolle Kathedrale, ein ausgedehntes Hafenareal, lange Stadtstrände, ein wahres Blütenmeer auf den Ramblas und die beiden nach Madrid größten Flughäfen Spaniens sind nur einige von zahlreichen Parallelen. Allerdings ist in Palma vieles eine Nummer kleiner und übersichtlicher.

Palma ist ein Touristenmagnet, der alle Sinne anspricht. Lebhaftes Beispiel hierfür ist der Mercat de l'Olivar – Markthalle, Food Lounge und Mikrokosmos unter einem Dach. Doch nicht nur für kulinarische Genüsse ist gesorgt, auch Kunstliebhaber, Shopping-Fans und Flaneure werden in Palma glücklich. Für eine Pause stößt man immer auf eine Bar oder ein Straßencafé, von dessen Terrasse man gut Leute beobachten oder einfach die Aussicht genießen kann.

Selbst wenn Sie auf Mallorca einen Strandurlaub verbringen wollen, sind Sie in der Inselhauptstadt richtig. Die Badia de Palma genannte Bucht bietet kilometerlange Strände für alle Bedürfnisse – von Relaxen bis Party *(siehe S. 100f).*

Zentrum von Palma

A D6 **A** 415 000 **✈** Aeroport de Son Sant Joan, 8 km östl. des Zentrums **A** Plaça d'Espanya **A** Moll Vell **A** Parque Estaciones s/n **i** Plaça de la Reina 2 **C** +34 971 173 990 **A** Sa **A** Sant Sebastià (20. Jan), Karneval (Feb), Festes patronales de Sant Pere (29. Juni), Festa de l'Estendard (31. Dez) **W** visitpalma.cat

Palma zählt zu den reizvollsten spanischen Metropolen. Wer mediterranes Flair schätzt, wird die Stadt lieben. Einige Straßen im Zentrum sind autofrei. Die Stadt entdeckt man am besten zu Fuß, für Abstecher zu abgelegeneren Attraktionen kann man Busse oder Taxis nutzen. Falls Sie einen Tagesausflug planen und das authentische Palma erleben wollen, sollten Sie einen Werktag wählen. Mit einigen Ausnahmen sind sonntags viele Läden und Restaurants zu.

Zur Orientierung

Überblick: Palma

Die erste Orientierung ergibt sich fast automatisch. Palmas auf einem Hügel thronende Kathedrale sieht man schon von Weitem und auch innerhalb der Stadt von vielen Stellen. Ein Tipp für Autofahrer: Die Parkplatzsuche im Zentrum kann viel Zeit und Nerven kosten. Die Tiefgarage am Parc de la Mar unterhalb der Kathedrale ist der ideale Platz, um den Wagen abzustellen.

Das Zentrum von Palma gliedert sich in Ober- und Unterstadt. Beide Bereiche werden durch breite, prachtvolle Straßenzüge mit einladenden Plätzen getrennt. Die Grenze verläuft entlang der an der Küstenpromenade beginnenden Süd-Nord-Achse aus Avinguda d'Antoni Maura, Plaça de la Reina und Passeig d'es Born. An der Plaça del Rei Joan Carles I im Norden macht sie einen Knick nach rechts und führt entlang dem Carrer de la Unió und über die Plaça Mercat. An der Plaça Weyler geht es dann nach links zum Passeig de la Rambla. Diese Zickzacklinie verläuft somit über breite Boulevards, die zu den wichtigsten Shopping-Meilen der Stadt gehören. Das nächste Café ist nie weit.

Oberstadt

Östlich dieser Linie erstreckt sich die von ockerfarbenen Fassaden geprägte Oberstadt. Hier stehen die meisten architektonisch und kunsthistorisch bedeutenden Bauten auf kleinem Raum – Kirchen, Museen, Palais.

Pittoresk ist das verwinkelte Viertel östlich der Kathedrale mit seinen engen, wie Schluchten wirkenden Gassen. Verlaufen können Sie sich nicht, Wegweiser

Wandmosaik von Joan Miró, Parc de la Mar

mit Entfernungsangaben helfen bei der Orientierung. In dieser Ecke, die abends wie ausgestorben wirken kann, zeigt sich das arabische Erbe der Stadt – auch wenn jenseits der Banys Àrabs *(siehe S. 86)* kaum Bauten aus jener Epoche erhalten sind. Ab dem 13. Jahrhundert nach der katalanischen Eroberung Mallorcas ließen sich hier Adelige und Kaufleute edle Stadtresidenzen errichten. Manche haben wunderschöne blumengeschmückte Innenhöfe, auf die man durch schmiedeeiserne Gitter einen Blick werfen kann.

Ob man gezielt mit Stadtplan schlendert oder sich einfach treiben lässt – irgendwann erreicht man mit Plaça Cort und Plaça Major zwei besonders schöne Plätze. Einen Kontrast dazu bildet die hektisch wirkende Plaça d'Espanya im Nordosten der Oberstadt mit Bahnhof und Busbahnhof. Der Besuch der Markthalle einen Block davor ist ein absolutes Muss.

Unterstadt

Die Unterstadt erreicht man über Treppenwege, die z. B. vom Palau Reial de l'Almudaina oder von der Plaça Major hinunterführen. Der Carrer Apuntadors ist die zentrale Achse eines beliebten Ausgehviertels. Ein Shopping-Bummel durch die Avinguda Jaume III führt zu einigen der nobelsten Boutiquen der Stadt. Im Westen schließt das Stadtviertel Santa Catalina an – mit einer bunten Restaurant- und Kneipenszene, deren Hotspots sich ständig verlagern.

Hafen

Auf der großzügig gestalteten, palmengesäumten Küstenpromenade kommt man zum Hafen *(siehe S. 96)*, einer kleinen Welt für sich. Ist der Blick von hier hinauf zur Kathedrale schöner als der von Sa Seu zum Hafen? Entscheiden Sie selbst!

Sehenswürdigkeiten auf einen Blick

❶ Palau Reial de l'Almudaina
❷ Catedral de Mallorca (Sa Seu)
❸ Palau Episcopal und Museu d'Art Sacre
❹ Banys Àrabs
❺ Museu de Mallorca
❻ Sant Francesc
❼ Santa Eulàlia
❽ Sant Miquel
❾ Museu Fundación Juan March
❿ Fundación Bartolomé March
⓫ Sa Llotja
⓬ Es Baluard Museu d'Art Modern i Contemporani
⓭ Hafen
⓮ Pueblo Espanyol
⓯ Castell de Bellver   *siehe*
⓰ Castell de Sant Carles *Seiten*
⓱ Museu Krekovic   *96 – 99*
⓲ Cala Major
⓳ Marineland

Restaurants und Cafés
siehe S. 102f
❶ Tast Avenidas
❷ Marc Fosh
❸ Tast Unión
❹ Fornet de la Soca
❺ Can Joan de s'Aigo
❻ La Taberna del Caracol
❼ Bon Lloc
❽ La Bóveda

Kneipen, Bars und Clubs
siehe S. 103
❶ Bar Bosch
❷ Gibson
❸ Bar España
❹ Bar Ábaco
❺ Jazz Voyeur Club

Shopping
siehe S. 104f
❶ Mercat de l'Olivar
❷ Torrons Vicens
❸ Sombrerería y Complementos Casa Julià
❹ Shelight
❺ Opia
❻ Rialto Living
❼ Bazaar Palma

Wellness
siehe S. 105
❶ Hammam Al Ándalus
❷ Earth Yoga
❸ Puro Hotel Palma
❹ Centro de Ayurveda

Bahnhof, Busbahnhof 300 m

HORTS
PLAÇA OLIVAR
TERESES
Sant Miquel
SANT MIQUEL
VILANOVA
MOLINERS
POLS
RAMBLA
MISSIÓ
Museu Fundación Juan March
SAMO ESPIRITU
CAN VALORI
SINDICAT
PLAÇA MAJOR
PLAÇA PALMER
BOSSERIA
PLAÇA COLL
RUBI
HOSTAL DE L'ESTEL
FELIU
SALAT
FERRERIA
LLOTGETA
CORDERIA
BAULÓ
CAN SANC
SAMARITANA
TERRA SANTA
GERRERIA
CAN SAVELLA
PLAÇA QUADRADO
LLUC
Santa Eulàlia
PLAÇA SANTA EULALIA
Sant Francesc
PLAÇA SANT FRANCESC
POSADA DE
MOREY
PANE
NADAL
RAMON LLULL
PLAÇA PES DE LA PALLA
Casa Olesa
PONT I VICH
MONTI-SION
SOL
PELLETERIA
Museu de Mallorca
SANT ALONSO
SEMINARIO
Banys Àrabs
MONSERRAT
TEMPLE
Sant Jeroni
PORTELLA
BASTIÓ D'EN BERARD
CALATRAVA
PLAÇA LLORENÇ VILLALONGA
DALT MURADA
Stadtmauer
DALT MURADA
L'Aguila
L'Aguila
COLOM
ARGENTERIA
CANISSERIA
PLAÇA PESCATERIA
JAUME II
LLUMS
d'Art Sacre

Aeroport de Son Sant Joan 8 km ✈

Altstadt siehe S. 94f

Meter   200

N ↑

Persönliche Favoriten

Eine besondere Seite von Palma verbirgt sich in den Seitenstraßen. Hier kann man seinen Schatz an Erfahrungen auf ganz andere Art erweitern als in den Touristenmeilen. Seien Sie neugierig auf reizende Stores und Lokale oder sogar einen Mix aus beidem.

Mercat de Santa Catalina – Fest für die Sinne

Die Vielfalt spanischer Köstlichkeiten unter einem Dach: Der bunte Mercat ist eine Fundgrube und ein paradiesischer Ort zum Entdecken und Genießen.

Obst und Gemüse, Fisch und Seafood, Fleisch-, Wurst- und Käsespezialitäten, Öle und Weine, Gebäck und Kräuter – alles frisch, gut sortiert, in beachtlicher Vielfalt und einfach zum Anbeißen. Auch wenn sie etwas im Schatten des größeren und weitaus bekannteren Mercat de l'Olivar *(siehe S. 104)* steht – gerade durch ihre Abgelegenheit konnte sich die 1905 eröffnete Markthalle in Palmas Trendviertel Santa Catalina ihre Originalität bewahren. Lebhaft ja, aber hektisch wird es an den mehr als 50 Verkaufsständen nie. Besucher können sich in aller Ruhe ein Bild von den Köstlichkeiten machen, die auch das Herz von Feinschmeckern höherschlagen lassen. Kein Wunder, dass sich die Spitzenköche vieler Restaurants in Palma auf diesem Markt mit den Zutaten für ihre feinen Gerichte eindecken.

Auch als Food Lounge hat der Mercat einen klangvollen Namen: Die Bar Joan Frau bietet u. a. eine grandiose Paella, die Bar La Tapita verwöhnt mit köstlichen Tapas, in der Bar des Mercat kann man seine frisch eingekaufte Ware nach Gusto zubereiten lassen. Kostprobe gefällig?

Mercat de Santa Catalina
🏠 Plaça Navegació s/n, Palma
📞 +34 971 730 710 🕐 Mo – Sa 7 – 16
🌐 mercatdesantacatalina.com

Palma Aquarium – geheime Unterwasserwelt

Ein Ort zum Staunen und »Versinken«. Wem die Stimmung zu meditativ wird: Tauchen mit den Haien bietet Spannung und Tiefsee-Feeling pur.

Ein Meerespark mit über 8000 Tieren aus dem Mittelmeer und allen Ozeanen – von Seesternen über Zackenbarsche, Rochen, Kraken, Korallen, Clownfische und Krebse bis zu Seepferdchen.

Krake – intelligenter Kopffüßer

Nahezu hypnotisch: Filigrane Quallen in aller Farben treiben wie schwerelos in der Wasserströmung des Medusariums. Wer einen Taucherschein und die entsprechende Portion Mut mitbringt, um einen Profi bei der Haifütterung im »Big Blue« zu begleiten: Nichts wie hinein in den Neoprenanzug.

Palma Aquarium
🏠 Carrer Manuela de los Herreros 21, Palma
📞 +34 902 702 902 🕐 siehe Website
🌐 palmaaquarium.com

Traditionsläden in Palma

Seit 2018 stellt die Stadtverwaltung von Palma jedes Jahr eine Liste mit erhaltenswerten Traditionsgeschäften vor, um deren Überleben auch in Zukunft zu sichern.

Die Bäckerei Forn des Teatre (Fornet de la Soca)

Die traditionelle Bar Can Joan de s'Aigo

In einer Stadt wie Palma, die überwiegend vom Tourismus lebt, findet man viele internationale Modeketten, Design-Concept-Stores und Fast-Food-Filialen, aber es haben auch noch traditionelle Läden überlebt, die die Stadt mittels steuerlicher Vergünstigungen unterstützt. Kriterien, die zu einer Aufnahme in die Liste erhaltenswerter Traditionsgeschäfte führen, sind etwa Alter des Ladens (älter als 75 Jahre), ein bestimmtes Alleinstellungsmerkmal oder denkmalgeschützte Elemente der Architektur.

Die Bandbreite ist riesig und reicht von Cafés und Bäckereien über Bars und Lokale, Mode- und Schuhläden bis zu Kurzwaren-, Haushaltswaren- und Eisenwarenläden.

Establiments Emblemàtics de Palma
W youtube.com/watch?v=x-L3KpQ9joE

Rialto Living – Trends und Design

Shopping mit Stil am Puls der Zeit. In seiner Vielfalt und Ästhetik ist dies vielleicht der beeindruckendste Store auf ganz Mallorca – ein Muss für Fashionistas.

Der Designer Klas Käll und die Grafikerin Barbara Bergman – beide aus Schweden – eröffneten 2007 in einem umgebauten, vorher als Kino und Theater genutzten Kulturtempel diesen Concept-Store. In dem Gebäude aus dem 15. Jahrhundert trifft auf 800 Quadratmetern Verkaufsfläche Erlesenes auf Extravaganz, hier entdeckt man Außergewöhnliches aus den Bereichen Interior und Deko, Mode und Accessoires für sie und ihn, Kunst und Düfte in großer Auswahl.

Die individuell und mit viel Geschmack zusammengestellten Kollektionen brauchen einen Vergleich mit dem Sortiment international renommierter Adressen in Paris, London, Mailand oder New York nicht zu scheuen. Allein schon die Parfümabteilung erspart eine Reise in die Style-Metropolen der Welt. Mit einem kleinen, aber feinen Unterschied: Bei Rialto Living ist alles eine Spur privater, auch sinnlicher.

Im lichtdurchfluteten und reich mit Blumen geschmückten Café-Bistro kann man bei Lounge-Musik entspannt eine Tasse Kaffee genießen oder zu Mittag essen.

Rialto Living: Shopping-Erlebnis in alten Mauern

Rialto Living
📍 O2 🏠 Carrer Sant Feliu 3, Palma 📞 +34 971 713 331 🕐 Mo–Sa 11–19 W rialtoliving.com

$\longrightarrow$

1 *Berge von frischen Früchten im Mercat de l'Olivar*

2 *Palau de l'Almudaina*

3 *Plaça de la Reina: Verkehrsinsel mit Springbrunnen*

4 *Edifici Casasayas mit Modernisme-Fassaden*

Neben kulturhistorischen Schätzen kann man bei einem Streifzug durch das Zentrum weitere Facetten der kosmopolitischen Stadt entdecken, auch die einer Kunst-, Genuss- und Shopping-Metropole. Die hier vorgeschlagene Route bietet von allem etwas.

1 TAG

in Palma

Vormittags In der Tourist-Info an der Plaça d'Espanya gibt es Stadtpläne und Prospekte. Nachdem Sie das Standbild von Jaume I passiert haben, folgen Sie dem Carrer del Caputxins zum Mercat de l'Olivar. Sollten Sie noch nicht gefrühstückt haben – tun Sie es hier. Am Carrer Sant Miquel sind Flagship-Stores spanischer und internationaler Modelabels. Die als Fußgängerzone gestaltete Shopping-Meile ist eng, aber stimmungsvoll. Abwechslung und Kunstgenuss bietet das Museu Fundación Juan March in Nr. 11. Flanieren Sie auf der von Arkaden umrahmten Plaça Major zwischen Marktständen mit bunten Auslagen und Porträtmalern, lebenden Statuen und Musikern. Gehen Sie am nordwestlichen Ausgang des Platzes die Treppe hinunter zum Straßenzug La Rambla. Halten Sie sich am Fuß der Treppe links, und gehen Sie am Teatro entlang zur Plaça Weyler. Bei Fornet de la Soca können Sie Tapas genießen, eine Alternative ist schräg gegenüber das Gran Café im Gran Hotel.

Nachmittags Schlendern Sie den Carrer de la Unió entlang. Naschkatzen zieht es in eine der Konditoreien wie etwa die Pastelería Forn Fondo. Ein Blickfang an der Plaça Mercat sind die Edifici Casasayas. Die beiden Gebäude mit den geschwungenen Fassadenelementen könnten auch in Barcelona stehen. Hinter der Plaça Rei Joan Carles I geht der Carrer de la Unió in die Avinguda Jaume III über. Neben berühmten Marken und einer Niederlassung der Shoppingcenter-Kette El Corte Inglés findet man hier auch einige von Palmas nobelsten (und teuersten) Boutiquen. Die Fußgängerwege sind überdacht, was im Hochsommer eindeutig ein Pluspunkt ist. Ob Sie nur ein wenig bummeln oder auch kaufen: Eine Erfrischung in der traditionsreichen Bar Bosch ist in jedem Fall eine gute Idee. Entlang des platanengesäumten Passeig d'es Born können Sie nach Herzenslust shoppen oder nur flanieren. In Nr. 27 lohnt das Casal Solleric einen Besuch.

Abends Vorbei an den beiden Sphingen am südlichen Ende des Born erreichen Sie die Plaça de la Reina. Wandeln Sie linker Hand durch S'Hort del Rei. Die arabisch anmutende Gartenanlage fasziniert mit Wasserspielen und Monumenten. Den Aufstieg über einen Treppenweg zur Aussichtsplattform vor der Kathedrale Sa Seu belohnt eine wundervolle Aussicht. Der Blick reicht nach Süden über den Küstenboulevard und den Hafen bis weit ins Meer. Bei Dunkelheit ergeben sich im Teich des Parc de la Mar unterhalb der Kathedrale spannende Lichteffekte. Nach Abstieg über den Treppenweg und Überquerung der Avinguda d'Antoni Maura landen Sie in einem der schönsten Ausgehviertel der Stadt. Eine Option für ein Abendessen ist La Bóveda (Carrer Botería 3). Es bietet einen illustren Querschnitt durch die spanische Küche. Für einen Absacker sind Sie in der Bar Ábaco (Carrer Sant Joan 1) richtig. Das Interieur mit Stilmöbeln und üppigem Blumenschmuck könnte Kulisse für einen Historienfilm sein.

PALMAS
ROOFTOPS

Rooftop-Bars liegen voll im Trend. Und was gibt es auch Schöneres, als nach einem Tag am Strand den Abend mit einem kühlen Getränk mit spektakulärer Aussicht einzuläuten? Auch in Palma hat man viele Möglichkeiten, den Sonnuntergang von erhöhter Position zu bewundern.

Kulinarik und Blick: De Tokio a Lima

Das Restaurant im Boutique-Hotel Can Alomar liegt in einem aufwendig restaurierten Stadtpalast aus dem 19. Jahrhundert und wartet mit zwei Terrassen mit Blick über den baumgesäumten Passeig d'es Born auf. Auf der Karte steht eine interessante Mischung aus japanischer, peruanischer und mediterraner Küche – daher auch der Name des Restaurants. Hier kann man aber auch nur einen Drink und eine Vorspeise genießen.

→

Von der Terrasse des De Tokio a Lima blickt man auf den vornehmen Passeig d'es Born

Sa Seu von oben

Die Außenterrasse der Sky Bar im achten Stock des Hotel Almudaina bietet einen unvergleichlichen Blick auf das Stadtzentrum, die Kathedrale von Palma und das Meer. Den kann man dank der großen Fenster bei kühlerem Wetter auch von innen genießen.

←

Blick von der Sky Bar sowie von der Terrasse des Hotel Nakar (unten) *auf die Kathedrale*

Rooftops

Almaq
🏠 Carrer de Bala Roja 1
Ⓦ esprincep.com

Bahía Mediterráneo
🏠 Passeig
Marítim 33 Ⓦ bahia
mediterraneo.com

De Tokio a Lima
📍 O2 🏠 Carrer
de Sant Feliu 1
Ⓦ canalomarhotel.com

Hotel Nakar
📍 N1 🏠 Avinguda
Jaume III 21
Ⓦ nakarhotel.com

Hotel Sant Francesc
📍 P2 🏠 Plaça Sant
Francesc 5 Ⓦ hotel
santfrancesc.com

Sky Bar
📍 O1 🏠 Avinguda
Jaume III 9 Ⓦ hotel
almudaina.com

Bucht von Palma

Von der Dachterrasse der Bar Almaq im Fünf-Sterne-Hotel Es Princep hat man einen umwerfenden Blick auf die Altstadt und die Bucht von Palma. Direkt oberhalb des Passeig Marítim kann man bei einem raffinierten Cocktail und kleinen Snacks in angenehmer, freundlicher Atmosphäre den Tag Revue passieren lassen.

↑ *Die Bar Almaq eröffnet einen wunderbaren Blick auf die Bucht von Palma*

Modernista – *glasiertes Tafelbild im Museu de Mallorca*

SEHENSWÜRDIGKEITEN

1

Palau Reial de l'Almudaina

🏠 Carrer del Palau Reial s/n
📞 +34 971 214 134
🕐 Apr–Sep: Di–So 10–20;
Okt–März: Di–So 10–18
🌐 patrimonionacional.es

Ein gelungener Mix aus islamischer und gotischer Architektur: Die »Almudaina« (arabisch für »Zitadelle«) genannte Residenz von Jaume II entstand ab 1309 auf den Mauern einer arabischen Festung. Die Anlage bildet mit der Kathedrale (siehe S. 90f) ein eindrucksvolles Ensemble. Ein Teil des Anwesens dient heute als Residenz des spanischen Königs.

Vom Haupteingang gelangt man in den Königshof, in dem man durch ein romanisches Portal die Kapelle Santa Ana betritt. Ein gotischer Salon wird für Empfänge und andere Veranstaltungen genutzt.

Unterhalb der Westseite befindet sich die mit Wasserspielen versehene Gartenanlage S'Hort del Rei (»Garten des Königs«), in der auch einige moderne Skulpturen stehen, u. a. *Personatge* von Joan Miró.

2

Catedral de Mallorca (Sa Seu)

siehe S. 90f

3

Palau Episcopal und Museu d'Art Sacre

🏠 Carrer Mirador 5 📞 +34 971 713 133 🕐 Mo–Fr 10–17:30 (Nov–März: 10–16), Sa 10–15 🌐 museuartsacre demallorca.org

Der an die Stadtmauer grenzende Bischofspalast stammt großteils aus dem 17. Jahrhundert, obwohl die Bauarbeiten schon 1238 begannen.

Einige Räume der Anlage beherbergen das Museu d'Art Sacre mit Exponaten zur Geschichte der mallorquinischen Kirche und des Gebäudes. Kunsthistorisch wertvoll sind Pere Nisarts Bild des heiligen Georg mit dem Drachen vor Palmas Stadttor (1468–70), Bischof Galianas Tafel über das Leben des heiligen Paulus, die Kanzel im spanisch-maurischen Mudéjar-Stil und der Jaspis-Sarkophag von Jaume II, der bis 1904 in der Kathedrale stand.

4

Banys Àrabs

🏠 Carrer Can Serra 7
📞 +34 637 046 534
🕐 Apr–Nov: tägl. 9:30–20;
Dez–März: tägl. 9:30–19

Das im 10. Jahrhundert aus Ziegeln errichtete *hammam* (Badehaus) ist eines der wenigen architektonischen Zeugnisse der maurischen Herrschaft auf den Balearen. Der Hauptraum, dessen Gewölbe von zwölf Säulen getragen wird, diente als Dampfbad, der angrenzende Raum als Ruhebereich. Der mit mediterraner Vegetation bepflanzte Garten ist sehr idyllisch.

5

Museu de Mallorca

🏠 Carrer de sa Portella 5
📞 +34 971 597 995 🕐 Di–Fr 10–18, Sa, So 11–14
🌐 museudemallorca.caib.es

Für viele Besucher ist dies das spannendste Museum der Insel. Untergebracht ist es im Palau Ayamans, der um 1630 auf den Fundamenten eines arabischen Gebäudes im Stil der Renaissance errichtet wurde. Das Museu de Mallorca beherbergt eine herausragende Sammlung von Kunstwerken zur mallorquinischen Geschichte.

Die Sammlung ist chronologisch aufgebaut, die ältesten Exponate sind im Gewölbe zu sehen. Antike, maurische Epoche, Mittelalter, Barock und Jugendstil bilden weitere Schwerpunkte. Gezeigt werden Steinfragmente, Keramik, Schmuck, Bilder, Skulpturen, Möbel und vieles mehr.

6

Sant Francesc

🏠 Plaça Sant Francesc
🕐 Mo–Sa 10–18 (Winter: bis 16)

Die Bauarbeiten an der gotischen Kirche und dem Fran-

Eine Oase der Ruhe: Garten der Banys Àrabs

ziskanerkloster begannen 1281 und dauerten rund 100 Jahre. Im Mittelalter war dies Palmas populärste Kirche – hier bestattet zu werden, war Statussymbol, die Adelsfamilien wetteiferten mit immer aufwendigeren Sarkophagen.

Im 17. Jahrhundert baute man die Kirche um. Ihre strenge Fassade mit den Rosettenfenstern wurde um 1680 mit einem Barockportal mit Statuen und der Jungfrau im Giebelfeld verschönert. Zu den wichtigsten Kunstwerken gehört auch eine Figur des berühmten mittelalterlichen Mystikers Ramon Llull *(siehe S. 162)*, der hier bestattet ist.

Seit die gotischen Fenster zugemauert wurden, ist der Innenraum relativ düster. Er besticht durch eine Reihe hervorragender Kunstwerke, von denen die meisten aus dem Barock stammen. Besonders schön (falls Sie sie in der Dunkelheit erkennen) sind das riesige Altarbild von 1739 und die Orgel. Der zauberhafte gotische Kreuzgang mit Orangen- und Zitronenbäumen bietet den Augen angenehme Entspannung.

Vor der Basilika steht eine Statue Junípero Serras *(siehe S. 150)* mit einem Indianerjungen. Der Franziskanermönch aus Mallorca ging 1768 als Missionar nach Kalifornien und gründete dort u. a. die Städte Los Angeles und San Francisco.

7
Santa Eulàlia
⌂ Plaça Santa Eulàlia
🕐 Mo–Fr 9–12, 18:30–20:30, Sa 10:30–13:30

Die große gotische Kirche entstand im 13. Jahrhundert auf Anordnung von Jaume II an der Stelle einer Moschee. Bei der Restaurierung im 19. Jahrhundert wurden ein Glockenturm angebaut und das Kirchenschiff umgestaltet. In den Seitenkapellen sieht man prächtige gotische Gemälde und ein schönes barockes Altarbild.

Die wertvollste Reliquie ist das Kruzifix in der Capella de Sant Crist. Jaume I soll es getragen haben, als er 1229 Mallorca eroberte.

Mit dieser Kirche wird ein dramatisches Ereignis assoziiert: 1435 fand hier eine Massentaufe von Juden statt. Sie traten zum Christentum über, um dadurch dem Tod zu entgehen.

Schon gewusst?
Die Xuetes sind Nachfahren der zum Christentum übergetretenen mallorquinischen Juden.

Statue der Jungfrau Maria mit gefalteten Händen in der Kirche Santa Eulàlia

Die Catedral de Mallorca (Sa Seu) ist ein Mix aus vielen Baustilen (siehe S. 90f)

2 ♿

Catedral de Mallorca (Sa Seu)

🏠 Plaça Almoïna s/n 📞 +34 971 713 133 🕐 Apr – Okt: Mo – Fr 10 – 17:15, Sa 10 – 14:15; Nov – März: Mo – Sa 10 – 15:15 🔒 So, Feiertage ⛪ Mo – Fr 9, Sa 9, 19, So, Feiertage 10:30, 12, 19 🌐 catedraldemallorca.org

Die Kathedrale (mallorquinisch: Sa Seu; katalanisch: La Seu) ist der architektonische Schatz der Balearen und eines der wichtigsten gotischen Bauwerke Spaniens. Wo zuvor Palmas Hauptmoschee stand, begannen die Arbeiten 1230, ein Jahr nach Jaumes I Eroberung der Stadt, und dauerten rund 300 Jahre. Zu Beginn des 15. Jahrhunderts beaufsichtigte der mallorquinische Bildhauer und Architekt Guillem Sagrera die Bauarbeiten. Nach dem schweren Erdbeben von 1851, das Teile der Kathedrale zerstörte, renovierte Juan Bautista Peyronnet den 110 Meter langen Bau.

Schon gewusst?

Anfang des 20. Jahrhunderts modernisierte Antoni Gaudí das Innere der Kathedrale.

Außerdem

① Portal Major (1601)

② Spitzturm (19. Jh.)

③ Eingang zum Museum

④ Strebebogen

⑤ **Die großen Orgeln** von 1795 stehen in einem neogotischen Nebenraum. Gabriel Blancafort restaurierte sie im Jahr 1993.

⑥ **Chorgestühl** aus dem Holz des einstigen *corro*

⑦ **Die Capella Reial** (Presbyterium) gestaltete der katalanische Baumeister Gaudí zwischen 1904 und 1914 neu.

⑧ **Die Kapelle des Allerheiligsten (Capella Barceló)** wurde 2007 vom mallorquinischen Künstler Miquel Barceló erneuert. Die Highlights: das riesige, kontrovers diskutierte Keramikbild und die Bleiglasfenster.

⑨ **Portal del Mirador** (1420)

Die größte der neun Glocken in dem mächtigen **Glockenturm** von 1389 wird *Eloi* genannt.

← Hoch aufragen-
des Kirchenschiff
der gotischen
Kathedrale

Das 75 Meter lange, 19 Meter
breite und 44 Meter hohe
Kirchenschiff mit dem von
14 Pfeilern (je 30 m hoch)
getragenen Deckengewölbe
ist eines der größten weltweit.

Die **Dreifaltigkeitskapelle**
(1329) birgt die Grabmä-
ler der mallorquinischen
Könige Jaume II und
Jaume III.

Antoni Gaudís **Baldachin**
(1912) mit Lampen und
mehrfarbigem Kruzifix
schwebt gleichsam
über dem Hochaltar.

Sieben **Rosetten** zieren das Bauwerk,
die größte misst zwölf Meter im
Durchmesser. Sie besteht aus über
1200 kleinen Glasstücken. Besonders
schöne Farbeffekte erlebt man am
Vormittag beim Einfall des Sonnen-
lichts von Osten.

Entdeckertipp
**Kathedralen-
museum**

Zu den kostbarsten der
zahlreichen im alten
Ordenshaus präsentier-
ten Meisterwerke gehört
der mit Juwelen einge-
fasste Reliquienschrein
mit Splittern vom Kreuz
Christi.

8 Sant Miquel

🏠 Carrer Sant Miquel 21
📞 +34 971 715 455
🕐 Mo–Sa 9–13:30, 16–20,
So 10–13, 16–20

Mitten an der Einkaufsstraße Carrer Sant Miquel steht eine der ältesten Kirchen Palmas. Das Gotteshaus wurde Anfang des 14. Jahrhunderts an der Stelle einer Moschee gebaut. Nach der Eroberung Mallorcas durch Jaume I wurde hier die erste Siegesmesse gelesen. Die gotische Architektur erhielt im 17. Jahrhundert Ergänzungen im Barockstil.

Den Eingang schmückt die in Stein gemeißelte Szene des Erzengels Michael als Drachentöter. Im Innenraum beeindruckt der Hauptaltar, die Altarbilder des heiligen Michael und anderer Erzengel stammen von Francisco de Herrera. Sehenswert ist auch die kleine Capella de la Virgen de la Salud mit der aus vielfarbigem Alabaster gefertigten Marienstatue, die von den Mallorquinern früher bei Krankheiten angerufen wurde.

9 Museu Fundación Juan March

🏠 Carrer Sant Miquel 11
📞 +34 971 713 515 🕐 Mo–Fr
10–18:30, Sa 10:30–14
🌐 march.es/es/palma

Das Museum ist in einem Renaissance-Gebäude untergebracht, das Guillem Reynés i Font im Stil des *modernisme* umgestaltete. Die sehenswerte Ausstellung mit Schwerpunkt auf dem 20. Jahrhundert präsentiert Werke vieler spanischer Künstler, darunter auch einige von so einflussreichen Malern wie Pablo Picasso, Joan Miró, Salvador Dalí und Juan Gris sowie des mallorquinischen Malers und Bildhauers Miquel Barceló.

Bei den meisten Exponaten handelt es sich allerdings um Gemälde und Skulpturen weniger bekannter Künstler, die aber für die Entwicklung der modernen Kunst Spaniens von Bedeutung sind. Das Museum zeigt darüber hinaus viel beachtete Wechselausstellungen.

10 Fundación Bartolomé March

🏠 Carrer Palau Reial 18
📞 +34 971 711 122
🕐 Mo–Fr 10–18:30 (Nov–März: 10–17), Sa 10–14
🌐 fundacionbmarch.es

Das Anwesen wurde in den 1940er Jahren als Familienresidenz des Bankiers Juan March errichtet. Seit 2003 ist hier das von dessen Sohn Bartolomé eingerichtete Kunstmuseum untergebracht. Zu den Highlights gehört die auf der Terrasse eingerichtete Skulpturensammlung mit Werken von Auguste Rodin, Henry Moore, Eduardo Chillida und vielen anderen Bildhauern. Zum Kunstgenuss kommt der wunderbare Blick über die Dächer von Palma, den man sich nicht entgehen lassen sollte.

Sehenswert ist auch die aus ungefähr 2000 Stücken bestehende neapolitanische Weihnachtskrippe (18. Jh.). Die kunstvollen, farbintensiven Deckengemälde im Treppenhaus und im Musiksaal schuf Josep Maria Sert, ein Meister der Wandmalerei.

Schon gewusst?

Sant Miquel darf sich seit 2018 offiziell »kleinere Basilika« nennen.

11 Sa Llotja

🏠 Plaça Llotja 📞 +34 971
711 705 🕐 nur bei Ausstellungen

Das spätgotische Gebäude, die ehemalige Börse (katalanisch: *llotja*), wurde 1426–56 nach Plänen von Guillem Sagrera, der u. a. auch das Portal del Mirador der Kathedrale *(siehe S. 90f)* entwarf, gebaut. Charakteristisch sind die schlanken gedrehten Säulen, die üppig mit Maßwerk versehenen Spitzbogenfenster, die Ecktürme und die Zinnenbe-

Moderne spanische Kunst im Museu Fundación Juan March

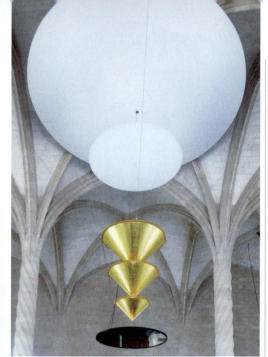
Sa Llotja ist eine Bühne für wechselnde Kunstausstellungen

krönung. Das monumentale Portal an der Hauptfassade im Osten ist von einem Giebel mit einer Schutzengelstatue gekrönt. Insgesamt markiert der in vielen Elementen der Fassadengestaltung an eine Kirche erinnernde Bau einen Höhepunkt gotischer Profanbaukunst. Das Interieur steht Besuchern nur zu Ausstellungen offen. Neben den Kunstwerken beeindruckt die lichte Architektur: Die Säulen zweigen sich fächerartig auf und erinnern an Palmen.

Sa Llotja bildet mit dem benachbarten Consolat de Mar ein spannendes architektonisches Ensemble. Die Porta Vella del Moll – ein früheres Hafentor, das im 19. Jahrhundert versetzt wurde – verbindet beide Gebäude. Einst war in dem eleganten, 1614–26 im Stil von Renaissance und Barock errichteten Consolat de Mar das Seehandelsgericht untergebracht, was die räumliche Nähe zur Börse erklärt. Seit 1983 dient der öffentlich nicht zugängliche Bau als Sitz der Balearen-Regie-

rung. Bemerkenswert ist die mit Arkaden gestaltete Loggia im Obergeschoss. Vor dem Consolat erinnern ein Anker und zwei Kanonen an die frühere Nutzung. Westlich schließt die runde Plaça Drassana mit einem Denkmal des mallorquinischen Seefahrers Jaume Ferrer und einigen Cafés und Restaurants an.

Es Baluard Museu d'Art Modern i Contemporani

⏺ 12 ⚡ Ⓜ 🍴 🍹 🏛 ♿

🏠 Plaça Porta de Santa Catalina 10 📞 +34 971 908 200
🕐 Di – Sa 10 – 20, So 10 – 15
📅 1. Jan, 1. Mai, 25. Dez
🌐 esbaluard.org

Das Museum für moderne und zeitgenössische Kunst ist in einem Glas-Beton-Bau in der Bastion (katalanisch: *baluard*) Sant Pere untergebracht, die Teil der Stadtmauer war. Es zeigt in großen Ausstellungsräumen auf drei Stockwerken Sammlungen mit Objekten von Künstlern, die ab Anfang des 20. Jahrhunderts auf den Balearen lebten – darunter Werke von Santiago Rusiñol, Joaquim Mir und Joaquín Sorolla. Einigen Künstlern wie Joan Miró und Pablo Picasso sind eigene Räume gewidmet. Zu den im Museum vertretenen zeitgenössischen Künstlern gehört der Mallorquiner Miquel Barceló, dessen Arbeiten auch eine der Kapellen in der Kathedrale schmücken.

Im Außenbereich findet man einige merkwürdig anmutende Installationen, darunter eine auf den Kopf gestellte Kapelle und eine Skulptur aus fünf Würfeln.

Installation vor Es Baluard Museu d'Art Modern i Contemporani

Altstadt von Palma

Länge ca. 2 km **Start** beliebiger Punkt auf dem Rundweg **Dauer** 0,5 Std.

Palma hat sich von einer Provinzstadt zu einer Metropole entwickelt und fasziniert heute jeden Besucher wie einst Jaume I: Nachdem er sie 1229 erobert hatte, beschrieb er Palma als »die schönste Stadt, die ich je gesehen habe«. Bummeln Sie durch die reizvollen Straßen, vorbei an historischen Bauwerken. Stadt und Hafen sind voller Leben, viele Restaurants und Bars haben bis spätnachts geöffnet.

CaixaForum Palma
Palmas schönstes Gebäude aus dem 20. Jahrhundert war einst ein Grandhotel, mittlerweile dient es als Kulturzentrum.

❶ Palau Reial de l'Almudaina
Die frühere Königsresidenz, Wohnsitz von Jaume II, wurde nach 1309 an der Stelle einer arabischen Festung gebaut.

⓫ Sa Llotja
Das gotische Gebäude, in dem einst die Börse untergebracht war, schmücken Skulpturen.

PLAÇA REI JOAN CARLES I

CARRER DE LA UNIÓ

PASSEIG D'ES BORN

AVINGUDA D'ANTONI MAURA

Parc de la Mar

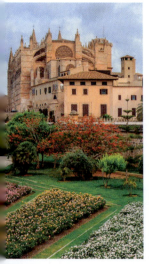

❷ Kathedrale
Die gotische Kathedrale ist das architektonische Wahrzeichen der Stadt. Sie wurde aus ockerfarbenem Sandstein aus Santanyí errichtet.

0 Meter — 100

N ↑

❻ Sant Francesc

Die Errichtung der prächtigen Kirche dauerte annähernd 100 Jahre. Über dem Barockportal prangt eine kunstvoll gestaltete Rosette.

Plaça del Marquès de Palmer

❺ Museu de Mallorca

Die Bronzefigur (4. Jh. v. Chr.) eines Kriegers gehört zu einer Serie von Bildhauerarbeiten, die als *Mars Balearicus* bekannt ist.

❹ Banys Àrabs

Den Hauptraum der arabischen Bäder (10. Jh.) krönt eine Kuppel auf zwölf Säulen. Die von Gärten umrahmte Anlage ist ein eindrucksvolles Zeugnis maurischer Baukunst.

Stadtmauer

Bischofspalast

Abstecher

Faszinierende Attraktionen bietet Mallorcas Hauptstadt auch abseits des Zentrums – vor allem am Hafen, einem der größten im westlichen Mittelmeer. Hier zeigt sich Palma von seiner maritimen Seite, Burgen und Museen sind weitere Facetten der Metropole – beste Aussicht auf Palmas Skyline gibt es inklusive. Einige Sehenswürdigkeiten erreicht man über die palmengesäumte Küstenpromenade. Die Distanzen legt man am besten per Mietfahrrad zurück, auch Busse befahren die Straße.

Schon gewusst?

Die Alte Mole des Hafens wird bereits in Verordnungen von König Jaume I von 1273 erwähnt.

Sehenswürdigkeiten auf einen Blick

13 Hafen
14 Poble Espanyol
15 Castell de Bellver
16 Castell de Sant Carles
17 Museu Kreković
18 Cala Major
19 Marineland

13

Hafen
🏠 Südwestl. des Zentrums

Ob nun Jachten, Fischerboote, Fähren oder Kreuzfahrtschiffe festmachen oder ablegen: Dem Betrieb in Palmas Hafen (Port de Palma) kann man stundenlang zusehen. Spazieren Sie die Molen entlang, radeln Sie durch das Areal oder beobachten Sie das Treiben von einer Terrasse. Im Anwesen des Jachtclubs gibt es ein exzellentes

Restaurant. Das maritime Flair genießt man am besten bei einer Rundfahrt durch die Bucht (www.crucerosmarco polo.com).

Umgebung: Nördlich schließt der Hügel Es Jonquet an. Neben dem Blick über den Hafen lohnt der Aufstieg auch wegen der Windmühlen. Dahinter liegt das Viertel Santa Catalina mit lebhafter Restaurantszene, Windmühlen und dem Mercat de Santa Catalina (*siehe S. 80*).

14
Poble Espanyol
🏠 Carrer Pueblo Español 55
🚌 📞 +34 971 731 062 🕐 Apr–Okt: tägl. 10–18; Nov–März: tägl. 9–17 🌐 pueblo espanolmallorca.com

Ein Freilichtmuseum der besonderen Art: Bei einem Streifzug durch das »spani-

sche Dorf« begeben Sie sich auf eine Zeitreise durch die Architekturgeschichte des Landes. Die verkleinerten Versionen vieler bekannter spanischer Anlagen geben einen guten Überblick über die iberische Baukunst. Zu den spektakulärsten Exponaten gehören die Mini-Versionen von Granadas Alhambra und von El Grecos Haus in Toledo. Das Areal umfasst auch Restaurants, Bars, Werkstätten und Souvenirläden.

15
Castell de Bellver
🏠 Carrer Camilo José Cela s/n 📞 +34 971 735 065 🕐 Apr–Sep: Di–Sa 10–19, So 10–15; Okt–März: Di–Sa 10–18, So 10–15 🌐 castell debellver.palma.cat

Bei dieser Festungsanlage ist der Name Programm – ein Besuch der »Burg der schönen

Mastenwald im Hafen von Palma

Aussicht« lohnt allein wegen des Blicks auf die Stadt. Doch sie darauf zu reduzieren, täte ihr unrecht, zählt sie doch zu den eindrucksvollsten gotischen Burgen Europas.

Die Anlage mit dem runden Grundriss wurde im frühen 14. Jahrhundert von Pere Salvà als Sommerresidenz für Jaume II gebaut. Später diente sie lange als Gefängnis.

Der Innenhof ist von zweistöckigen Arkaden umgeben. Drei zylindrische Türme sind in die Mauer integriert. Die frei stehende Torre de Homenatge ist durch einen Bogen mit dem Hauptgebäude verbunden und diente als letztes Bollwerk. Vom Flachdach der Burg wurde Regenwasser in eine Zisterne geleitet. Der ganze Komplex ist von Gräben und Wällen umgeben.

Das im Castell de Bellver untergebrachte Museu d'Història de la Ciutat dokumentiert die Geschichte von Palma und birgt eine Sammlung antiker Skulpturen. Im Sommer finden im Innenhof Konzerte statt.

🄯 Castell de Sant Carles

🄯 Carrer Dic de l'Oest s/n
📞 +34 971 402 145 🕐 Di–So 10–14 🌐 castillomuseo sancarlos.com

Nahe dem Porto Pí, dem südlichsten Abschnitt von Palmas Hafen, steht das Castell de Sant Carles. Die Anlage wurde im 17. Jahrhundert zum Schutz der auch von Freibeutern und Piraten bedrohten Hafeneinfahrt errichtet und beherbergt heute ein Museum mit Exponaten zur Militärgeschichte des 19./20. Jahrhunderts. Von der zinnenbekrönten Mauer des Kastells genießt man eine grandiose Aussicht über den gesamten Hafen.

In der Nähe des Castell de Sant Carles steht die Torre de Senyals, die ebenfalls zum Schutz der Hafeneinfahrt erbaut wurde.

🄯 Museu Kreković

🄯 Carrer Ciutat de Querétaro 3 📞 +34 971 219 606
🕐 Mo–Fr 9:30–13, 15–18, Sa 10:30–13 🕐 Aug

Der aus Bosnien stammende Maler Kristian Kreković (1901–1985) widmete sich in vielen seiner Werke der spanischen Kultur. Nach längeren Aufenthalten in Südamerika zog er ihn 1960 nach Mallorca, wo er in zahlreichen Bildern verschiedenste Facetten der Balearen beleuchtete.

Das 1981 eröffnete Museum präsentiert neben Werken Krekovićs auch Bilder und Kunsthandwerk aus Spanien und Lateinamerika.

Rund um den Innenhof des Castell de Bellver verlaufen Arkadengänge

Strand von Cala Major an der Badia de Palma

Schon gewusst?

Der Enkel von Joan Miró hat in der Nähe der Fundació das Hotel Joan Miró Museum eröffnet.

 18

Cala Major

📍 Südwestl. von Palma

Der beliebte Ferienort an der gleichnamigen Bucht ist eine Adresse für Badeurlauber und Wassersportler, der Strand von Cala Major zählt zu den meistbesuchten an der Badia de Palma *(siehe S. 100f)*.

Neben Sonnenanbetern zieht es auch Kunstsinnige nach Cala Major. Die **Fundació Pilar i Joan Miró** zählt zu den spannendsten Sammlungen der Insel. Auch wer sich nicht für moderne Kunst interessiert, wird hier ins Schwärmen geraten. In Cala Major schuf Joan Miró viele seiner bekanntesten Werke. Eine große Auswahl ist in der Fundació zu sehen, andere sind aus dem Stadtbild Palmas nicht wegzudenken.

Nach Mirós Tod 1983 verwandelte seine Witwe Pilar das Anwesen mit Wohnhaus und Atelier in ein Kunstzentrum. Wegen der Vielzahl an Objekten wurde 1992 ein weiteres Gebäude errichtet, das Rafael Moneo, einer der führenden spanischen Architekten, gestaltete. In dem Ensemble aus drei Häusern werden Gemälde, Zeichnungen und Skulpturen Mirós sowie Werke anderer Künstler präsentiert. Der Garten dient als Ausstellungsfläche für Bildhauerarbeiten. Im angegliederten Laden findet man sicher ein Souvenir.

Der nahe Palau Marivent ist eine Ferienresidenz der spanischen Königsfamilie. Die *Modernisme*-Villen an der Hauptstraße belegen, dass Cala Major einst ein Sommersitz der Reichen und Mächtigen war.

Fundació Pilar i Joan Miró
♿👶☕ 📍 **Carrer de Saridakis 29** 📞 +34 971 701 420 🕐 **Mitte Mai – Mitte Sep:**
**Di – Sa 10 –19, So 10 –15;
Mitte Sep – Mitte Mai:**
Di – Sa 10 –18, So 10 –15
🌐 miromallorca.com

Umgebung:
Südwestlich von Cala Major schließen weitere Ferienorte mit Badestränden an *(siehe S. 100f)*. Ein Treffpunkt des Jetsets ist Port Portals (8 km südwestlich von Palma) mit dem edelsten Jachthafen der Insel. Die Promi-Dichte ist enorm, die Zahl der Schaulustigen entsprechend hoch.

Nordwestlich von Cala Major liegen die **Coves de Gènova**, 1910 entdeckte Höhlen mit imposanten Tropfsteinformen.

Coves de Gènova
♿🚻 📍 **Carrer Barranc 45**
📞 +34 871 508 764 🕐 Zeiten der Website entnehmen
🌐 cuevasdegenova.com

Joan Miró (1893 –1983)

Der in Barcelona geborene Joan Miró war durch und durch Katalane. Im Laufe seiner Schaffenszeit ließ sich der Maler, Grafiker und Bildhauer von verschiedensten Stilrichtungen inspirieren. Anfangs beeinflussten ihn Fauvismus und Kubismus, später Dadaismus und Surrealismus. Miró entwickelte seinen eigenen Stil, den insbesondere Emotionalität und lebhafte Farben kennzeichnen. Nach seinem 1956 erfolgten Umzug nach Cala Major auf Mallorca schuf er auch Mosaiken, Wandteppiche und Skulpturen. 1983 starb er mit 90 Jahren in Palma. Miró zählt zu den beliebtesten Künstlern des 20. Jahrhunderts. Die Fundació Pilar i Joan Miró präsentiert zahlreiche Werke, die der Künstler der Stadtverwaltung von Palma geschenkt hatte.

Marineland

Der Meerespark mit Delfin- und Seelöwenshows orientiert sich an amerikanischen Vorbildern. In den Aquarien tummeln sich Haie, Rochen und andere Fische aus allen Weltmeeren, im Tropenhaus u. a. Krokodile und Schlangen, die tropische Vogelwelt präsentiert sich kunterbunt. Der Park ist ideal für Familien, vor allem die Shows ziehen Besucher in ihren Bann.

Marineland

D6 Carrer Garcilaso de la Vega 9, Costa d'en Blanes, Calvià 104, 106, 107 +34 680 519 863 Zeiten (auch der Tiershows) der Website entnehmen marineland.es/mallorca

Pinguine
Auch im Marineland bewegen sich Pinguine zwischen zwei völlig unterschiedlichen Welten – Wasser und Land.

Seesterne
Die fünfarmigen Stachelhäuter bewegen sich sehr geschmeidig durch das Wasser.

Legende
1 Eingang
2 Seelöwen
3 Kinderbecken
4 Haie
5 Papageienshows
6 Aquarium »Mare Nostrum«
7 Delfine
8 Pinguine
9 Tropenhaus
10 Rochen
11 Flamingos und Pelikane
12 Schildkröten

Die schönsten Strände an der Badia de Palma

Einige von Mallorcas besten Stränden (spanisch: *playas*, katalanisch: *platjas*) liegen an der Badia de Palma. Fast die gesamte Ostseite der Badia ist eine einzige Strandzone, im Westen findet man auch abgeschiedene, von Felsen begrenzte Buchten mit kristallklarem Wasser. Partyhochburgen sind Platja de Palma und S'Arenal im Osten sowie Magaluf im Westen. Wer Ruhe bevorzugt, sucht eher Strandclubs wie Purobeach (www.purobeach.com) auf.

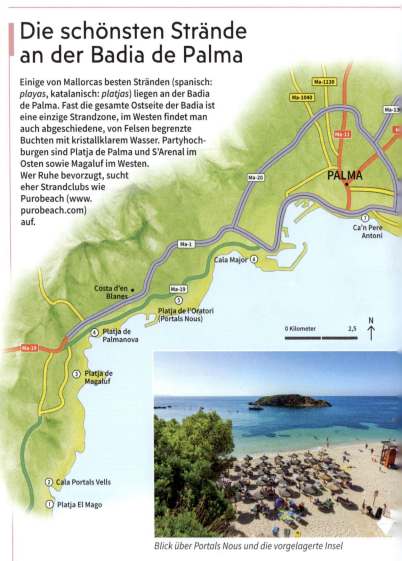

Blick über Portals Nous und die vorgelagerte Insel

① **El Mago** Als Filmkulisse wurde der kleine (»magische«) Strand an einer felsumrahmten Bucht berühmt. Auch FKK-Anhänger kommen hierher.

② **Cala Portals Vells** Entspannung pur zwischen Pinienwald und kristallklarem Wasser – solange nicht allzu viele Jachten vor Anker gehen.

③ **Magaluf** Am Strand von Magaluf geht es oft hoch her, Ruhesuchende finden in der Nähe geeignetere Optionen. Der vor allem bei britischen Gästen sehr populäre Ort ist voller Clubs, Pubs und Bars, die hinter der Strandpromenade anschließen.

④ **Palmanova** Familien machen hier gern Urlaub. Trotz Beach Club hält sich der Lärmpegel in Grenzen. Die angrenzenden Hotels und Häuser verstecken sich hinter dichter Vegetation.

⑤ **Portals Nous** Der Strand liegt in einer schmalen Bucht. Die namenlose Felseninsel scheint zum Greifen nahe. Von hier ist es nicht weit zum Marineland *(siehe S. 99)* und zum Luxusjachthafen Port Portals *(siehe S. 98)*.

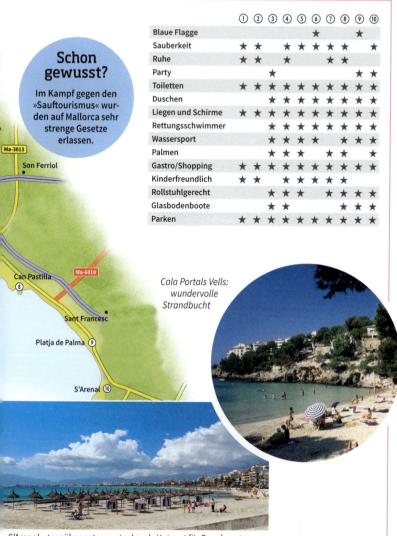

Schon gewusst?

Im Kampf gegen den »Sauftourismus« wurden auf Mallorca sehr strenge Gesetze erlassen.

	①	②	③	④	⑤	⑥	⑦	⑧	⑨	⑩
Blaue Flagge						★		★		
Sauberkeit	★	★		★	★	★	★	★		★
Ruhe	★	★	★			★	★			
Party			★						★	★
Toiletten	★	★	★	★	★	★	★	★	★	★
Duschen				★	★	★	★	★	★	★
Liegen und Schirme	★		★	★	★	★	★	★	★	★
Rettungsschwimmer				★	★	★	★	★	★	★
Wassersport			★	★	★	★		★	★	★
Palmen			★	★	★		★	★		★
Gastro/Shopping	★	★	★	★	★	★	★	★	★	★
Kinderfreundlich	★	★		★	★	★	★	★		
Rollstuhlgerecht			★	★	★		★	★	★	★
Glasbodenboote		★	★					★	★	★
Parken	★	★	★	★	★	★	★	★	★	★

Ma-3013

Son Ferriol

Can Pastilla — Ma-6010

⑧

Sant Francesc

Platja de Palma ⑨

S'Arenal ⑩

Cala Portals Vells: wundervolle Strandbucht

S'Arenal – tagsüber entspannt, abends Hotspot für Beachpartys

⑥ **Cala Major** Badevergnügen am Strand unterhalb der Königsresidenz Marivent *(siehe S. 98)*. Ein Shop verkauft Strandequipment, in einer Bar werden Cocktails gemixt.

⑦ **Ca'n Pere Antoni** Trotz der Nähe zu Palma einer der entspanntesten Strände der Badia de Palma. Viele Bewohner der Inselhauptstadt kommen hierher.

⑧ **Can Pastilla** Der Strand mit sehr guter Infrastruktur und großem Sportangebot liegt nahe der Einflugschneise des Airports. Vor allem im Sommer muss hier jedoch mit erhöhtem Fluglärm gerechnet werden.

⑨ **Platja de Palma** Der Inbegriff für Partytourismus: Auf dem Höhepunkt der Feriensaison wird es an dem mit sechs Kilometern längsten Strand Mallorcas sehr laut. Übrigens: *Balneario* Nr. 6 trägt den Beinamen »Ballermann«, Nr. 1 bis 3 zählen zu S'Arenal.

⑩ **S'Arenal** Der benachbarte Strand der berühmt-berüchtigten Platja de Palma ist ebenfalls ein Hotspot für Partys. Mit den Palmen wirkt das Flair fast karibisch.

Restaurants

Palma ist ein kulinarisches Paradies: Vom Gourmet-Tempel über die typisch mallorquinische Tapas-Bar bis zum heimeligen Café ist alles vertreten. Das Angebot ist riesig. Einige der besten und bei Einheimischen beliebtesten Lokale verstecken sich in Seitenstraßen der Stadt. Lassen Sie sich einfach treiben, entdecken Sie Ihr Lieblingslokal. Übrigens: Nach einem genussvollen Abendessen findet sich um die Ecke immer eine Bar für einen Drink.

Süße Verführung

Restaurants und Cafés

❶ Tast Avenidas €€
Tapas-Restaurant
Avinguda Comte de Sallent 13, 07003
☎ +34 971 101 540 🕐 So
🌐 tast.com

Das Ambiente mit dunklen Holzmöbeln, hohen Weinregalen und orangefarbenen Wänden überzeugt ebenso wie die Auswahl an delikaten Tapas. Neben Klassikern wie *jamón serrano*, *gambas al ajillo* und *patatas bravas* gibt es auch *pulpo a la parrilla* und *revuelto de morcilla con pimientos* (Rührei mit Blutwurst und Paprika).

❷ Marc Fosh €€€
Mediterran 📍 P1
Carrer de la Missió 7a, 07003
☎ +34 971 720 114 🕐 So, Mo
🌐 marcfosh.com

Meisterkoch Marc Fosh zählt zu den kulinarischen Trendsettern auf Mallorca. Sein Restaurant im Hotel Convent de la Missió stellt auch anspruchsvolle Gaumen zufrieden. Spezialitäten sind u. a. Kaninchen mit Reis und Rehrücken an Kürbis.

❸ Tast Unión €€
Tapas-Lokal 📍 O1
Carrer de la Unió 2, 07001
☎ +34 971 729 878 🕐 So
🌐 tast.com

Tast ist keine Kette, sondern eher eine Idee. Neben Tast Avenidas *(siehe links)* verwöhnt auch das zentraler gelegene Tast Unión mit köstlichen Tapas. Das Ambiente ist jedoch anders. Hier kann man nicht nur an Tischen, sondern auch an der langen Theke Platz nehmen. Der ideale Ort für einen Snack während einer Shopping-Tour auf dem Carrer Unió.

❹ Fornet de la Soca €
Café 📍 P1
Plaça Weyler 9, 07001
☎ +34 673 499 446

Wundervolles Jugendstil-Flair genießt man in diesem Café mit angegliederter Konditorei. Hier gibt es feinste *ensaïmadas* mit diversen Füllungen (von Schokoladen- bis Kürbiscreme), auch Herzhaftes steht auf der Karte. Bekannt ist das Fornet de la Soca auch für seine *hierbas* (Kräuterliköre).

❺ Can Joan de s'Aigo €
Café 📍 P2
Carrer Ca'n Sanç 10, 07001
☎ +34 971 710 759
🌐 canjoandesaigo.com

Dickflüssig und zuckersüß ist der Kakao in Palmas traditionsreichster »Schokoladenstube« (seit 1700 in Betrieb!). Auch dem Mandelkuchen kann man kaum widerstehen. Das Interieur ist einzigartig, das Ambiente nostalgisch.

❻ La Taberna del Caracol €€
Spanisch 📍 P3
Carrer Sant Alonso 2, 07001
☎ +34 971 714 908 🕐 So
🌐 tabernacaracol.com

Das Juwel in der Altstadt bietet mit Gewölben und Holzbalkendecke den Charme eines Kellerlokals. Neben Seafood findet man auf der Karte auch Tapas wie *choricitos picantitos* (Paprikawürstchen in Sauce), die namengebenden *caracoles* (Schnecken) und Salate.

Lange Theke des Tapas-Lokals Tast Unión

7 Bon Lloc €€
Vegetarisch 📍 O2
Carrer Sant Feliu 7, 07012
☎ +34 971 718 617 🚫 So, Mo
🌐 **bonllocrestaurant.com**
Bei der Eröffnung 1978 war dies das erste vegetarische Restaurant der Insel. Ob Pasta, Burger oder Tofu-Curry: Die Gerichte sind nicht nur köstlich und gesund, sondern werden regelrecht als Augenweiden drapiert.

8 La Bóveda €€
Bodega 📍 O2
Carrer Botería 3, 07012
☎ +34 971 714 863 🚫 So
🌐 **restaurantelaboveda.com**
Weinfässer und Holztische, Steinböden und eine schön geflieste alte Bar – stimmungsvoller geht es kaum. Serviert wird spanische Küche, begleitet von den passenden Weinen. Der Andrang ist vor allem abends groß. Eine Alternative für einen Drink vor oder nach dem Essen ist die gleichnamige Weinbar um die Ecke.

Kneipen, Bars und Clubs

1 Bar Bosch €€
Bistro-Bar 📍 O1
Plaça del Rei Joan Carles I 6, 07012
☎ +34 971 721 131
Exponierter könnte die Lage am oberen Ende des Passeig d'es Born kaum sein. An der 1936 eröffneten Bar Bosch, einer Institution in Palma, kommt jeder Besucher vorbei – und nimmt auf der Terrasse oder im Innenraum Platz.

Tast Avenidas – stilvoll-gemütliches Tapas-Lokal

2 Gibson €€
Cocktailbar 📍 O1
Plaça Mercat 18, 07001
☎ +34 971 716 404
Gibson ist eine klassische Bar mit klassischen Getränken – Cocktails, Bier, Wein, Cava. Ideal für alle, die auf dem Weg zum Hotel noch einen letzten Drink zu sich nehmen möchten. Von der Terrasse aus hat man den besten Blick auf das Treiben auf der Plaça Mercat.

3 Bar España €
Tapas-Bar 📍 P2
Carrer Can Escursac 12, 07001
☎ +34 971 724 234 🚫 So
Den Weg zu dieser Bar muss man erst mal finden, aber die Mühe lohnt sich. Die Weinkarte der Bar mit dem authentischen Flair Palmas ist lang. Den Hunger stillt man mit Tapas. Die Spezialität des Hauses, *tortilla española*, wird meist ab etwa 21 Uhr serviert.

4 Bar Ábaco €€€
Cocktailbar 📍 O2
Carrer Sant Joan 1, 07012
☎ +34 971 714 939
🌐 **bar-abaco.es**
Extravagant und filmreif ist das Ambiente in diesem Palazzo. Die kunterbunte Deko besteht u. a. aus Stilmöbeln, Blumenarrangements, Bilderschmuck, Obst und Skulpturen. Ein bisschen Show muss sein – zumindest für alle, die das Besondere schätzen.

5 Jazz Voyeur Club €€€
Musikclub 📍 O2
Carrer d'Apuntadors 5, 07012
☎ +34 971 720 780 🚫 Mo
🌐 **jazzvoyeurclub.com**
Ein toller Musikclub in der Altstadt. Wer auch im Urlaub einmal Jazz, Soul, Blues oder Latin live erleben möchte, ist hier richtig. Das Programm ist bunt. Der Club ist auch Bühne beim Jazz Voyeur Festival.

Jazz Voyeur Club: stilvoller Musikschuppen und Treffpunkt für Nachtschwärmer

Shopping

Ob Trends oder Tradition – Palma ist ein Shopping-Paradies der Extraklasse. Entlang eleganter Shopping-Meilen wie Passeig d'es Born und Avinguda Jaume III reihen sich die Stores spanischer und internationaler Modelabels sowie noble Boutiquen aneinander. Urige kleine Läden mit überraschendem Sortiment liegen oft etwas abseits, eignen sich aber wunderbar zum Stöbern und Staunen.

Delikatessen

❶ Mercat de l'Olivar €€
Markthalle 📍 P1
Plaça de l'Olivar 4, 07002
📞 +34 971 720 314 🕐 So
🌐 mercatolivar.com

Weit mehr als »nur« ein Lebensmittelmarkt: Ein Bummel durch die größte Markthalle Palmas ist eine Reise durch die kulinarische Pracht und Vielfalt der Insel – und zugleich ein sinnliches Erlebnis. Stapel, eigentlich eher Berge von Obst und Gemüse, Fisch und Fleisch, Käse- und Wurstwaren, Oliven und Kräutern türmen sich an den Ständen. Der bunte Markt ist gleichzeitig Food Lounge mit vielen Gourmet-Bars (von Wein über Tapas und Austern bis Sushi). Lassen Sie sich einfach treiben!

❷ Torrons Vicens €€€
Nougat 📍 P2
Carrer de la Bosseria 6, 07001
📞 +34 971 032 705 🕐 So
🌐 vicens.com

Dies ist der Himmel für Liebhaber von köstlichem Nougat. Das Familienunternehmen produziert dieses Konfekt bereits seit 1775. Ob auf Basis von Pistazien, Mandeln oder Macadamianüssen, ob mit Marzipan, Vanillearoma oder kandierten Früchten: Jede einzelne Tafel ist ein Genuss. Der Fantasie sind keine Grenzen gesetzt, ständig werden hier neue Nougatsorten *(torrons)* entwickelt. Von einem Teil des wundervollen Sortiments werden Kostproben gereicht. Die richtige Sorte ist sicher dabei.

Mode und Accessoires

❸ Sombrerería y Complementos Casa Julià €€€
Hüte 📍 PQ1
Carrer Sindicat 23a, 07002
📞 +34 871 717 126 🕐 So
🌐 sombrereriacasajulia.es

Hüte, Hüte, Hüte – tauchen Sie ein in die große weite Welt der Kopfbedeckungen für jeden Anlass, jeden Geschmack und jedes Wetter. In der seit 1898 betriebenen Hut-Boutique finden Sie neben bewährten Klassikern für sie und ihn auch Gewagtes wie »den letzten Schrei« – vieles aus eigener Produktion (auch Maßanfertigungen).

❹ Shelight €€€
Schuhe 📍 P2
Costa d'en Brossa 3, 07001
📞 +34 871 026 485 🕐 So
🌐 shelight.com

Shelight ist kein herkömmlicher Schuhladen, sondern ein Store für kreatives Design. Die Schuhe sind mit pfiffigen Kristall- und Schmuckaccessoires von Swarovski und anderen renommierten Herstellern verziert. Die einzigartige Kollektion reicht von Flip-Flops über Espadrilles und Sandalen bis zu zwölf Zentimeter hohen Pumps – jedes Paar ist ein glamouröses Unikat. Kein Wunder, dass hier auch Celebrities gern vorbeischauen.

Lifestyle

❺ Opia €€
Schmuck, Accessoires 📍 O1
Carrer Brondo 5, 07001
📞 +34 633 029 187 🕐 So
🌐 opiapalma.com

Der Concept-Store Opia im Zentrum Palmas bietet eine bunte Auswahl an Schmuck, Accessoires, Düften, handgemachten Schreibwaren, ausgefallenen Haushaltswaren und vielen Deko-Artikeln, die sorgfältig ausgesucht sind. Hier findet man auf jeden Fall immer etwas – auch Geschenke und Mitbringsel.

❻ Rialto Living €€€
Design und Trend 📍 O2
Carrer Sant Feliu 3, 07012
📞 +34 971 713 331 🕐 So
🌐 rialtoliving.com

Rialto Living – Shopping-Tempel und Lifestyle-Store in historischem Gemäuer

Rialto Living ist eine der spannendsten Adressen für exklusives Shoppen. Durch den weitläufigen Concept- und Lifestyle-Store mit erlesenem Sortiment an Deko-Artikeln, Düften, Mode und Accessoires weht ein Hauch von Luxus. Das elegante Café Rialto im hinteren Teil ist der beste Ort, um all die Eindrücke zu verarbeiten (siehe S. 81).

Saftig und frisch: Obst im Mercat de l'Olivar

❼ Bazaar Palma €€€
Inneneinrichtung 📍 OP2
Costa d'en Brossa 17a, 07001
📞 +34 971 781 965 🗓 So
🌐 bazaar-palma.com
In einem ehemaligen Buchladen, der unter Erhalt der deckenhohen Bücherregale und des alten Fliesenbodens aufwendig renoviert wurde, präsentiert die Designerin Mila Lazaro heute ausgewählte Dinge, die das Zuhause verschönern. Neben edlem Porzellan und Keramikwaren gibt es alles rund um den Tisch wie Besteck sowie feinste Tischdecken und Servietten. Außerdem im Angebot: Duftkerzen sowie ausgesuchte Naturkosmetik, bunte Kissen, feine Papierwaren, Souvenirs und Geschenke.

Wellness

In Palma gibt es genügend Orte zum Chillen und Entspannen – wahre Oasen, in denen man zwischen Sightseeing und Shoppen zur Ruhe kommen und sich verwöhnen lassen kann. Am besten einfach die Augen schließen und genießen.

Der Chill-out-Bereich im Puro Hotel Palma

❶ Hammam Al Ándalus €€
Massage
Costa i Llobera 20, 07005
📞 +34 971 412 860
🌐 palma.hammamalandalus.com
Das authentisch arabische Hammam ist der perfekte Ort, um den Stress des Tages von sich abfallen zu lassen. Hier spürt man die wohltuende und belebende Kraft des Wassers. Bei einer anschließenden Teil- oder Ganzkörpermassage mit Essenzen ausgesuchter Duftnoten kann man wunderbar entspannen und neue Kraft tanken. Anwendungen mit heißen Steinen ergänzen das Angebot.

❷ Earth Yoga €€
Yoga-Center
Carrer de Despuig 34, 07013
📞 +34 971 731 910
🌐 earthyoga.es
Earth Yoga zählt zu den größten Yoga-Centern in Palma. Das erfahrene Team bietet täglich Stunden an, bei mehrtägigem Aufenthalt lohnt sich ein Kurs (von Yin Yoga bis Vinyasa Yoga). Außerdem stehen Schwangeren- und Mutter-Baby-Yoga auf dem Programm (Termine siehe Website).

❸ Puro Hotel Palma €€
Spa-Hotel 📍 O2
Carrer Montenegro 10, 07012
📞 +34 971 425 450
🌐 purohotel.com
Zum Wohlfühlhotel der Extraklasse gehört Puro Spa, ein Top-Spa für Wellness und Beauty. Wasserfalldusche, türkisches Bad, Sauna und Eisquelle regen den Kreislauf an, Hand-, Fuß- und Ganzkörpermassagen sowie Gesichtspflege entspannen und verwöhnen.

❹ Centro de Ayurveda €€€
Ayurveda-Center
Carrer Cotoner 31a, 07013
📞 +34 971 733 053 🗓 So
🌐 ayurvedapalma.com
In der Oase im Stadtviertel Santa Catalina gibt es Ayurveda-Behandlungen mit ausgesuchten Essenzen und Ölen sowie Tees und Kräutern. Highlights sind die Synchronmassagen von zwei Masseuren und die Stirngüsse. Kurzum: der richtige Ort, um Kraft und Energie zu tanken.

Serra de Tramuntana

Die mallorquinische Bergwelt im Nordwesten der Insel präsentiert sich dramatisch schön. Panoramastraßen verbinden romantische Bergdörfer, vorbei an Terrassen mit Zitrus- und Olivenhainen.

In der Serra de Tramuntana erlebt man fernab von Palmas Prunk und Party vielerorts Natur und Idyll pur – eine scheinbar nie versiegende Inspirationsquelle für kreative Geister: Ein Hauch von Glamour umweht Deià, auch Valldemossa zeigt Spuren künstlerischer Schaffenskraft, das Santuari de Lluc ist unumstrittenes geistliches Zentrum Mallorcas. Mit Andratx, Sóller und Pollença verfügen gleich drei Städte über einen nahe gelegenen, bestens erreichbaren Hafen *(port)*.

Serra de Tramuntana

Highlights

- ❹ La Granja
- ❺ Valldemossa
- ❿ Sóller
- ⓮ Santuari de Lluc

Sehenswürdigkeiten

- ❶ Andratx
- ❷ Sant Elm
- ❸ Banyalbufar und Estellencs
- ❻ Jardines de Alfàbia
- ❼ Castell d'Alaró
- ❽ Son Marroig
- ❾ Deià
- ⓫ Sa Calobra
- ⓬ Coves de Campanet
- ⓭ Ses Fonts Ufanes
- ⓯ Pollença
- ⓰ Cap de Formentor

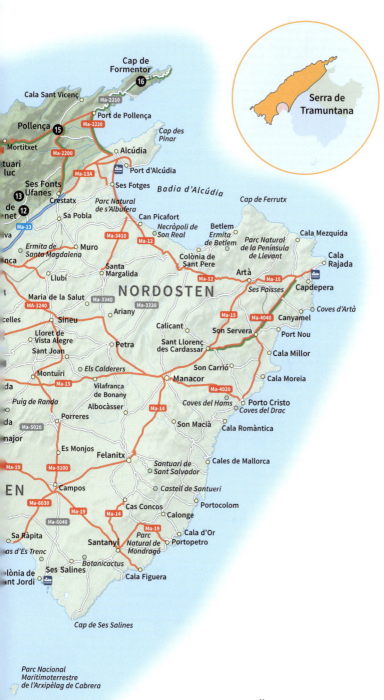

Cap de Formentor
16
Cala Sant Vicenç
Ma-2210
Port de Pollença
Pollença
15
Ma-2220
Mortitxet
Ma-2200
Cap des Pinar
Alcúdia
tuari luc
Ma-13A
Port d'Alcúdia
Ses Fonts Ufanes
13
Crestatx
Ses Fotges
Badia d'Alcúdia
Cap de Ferrutx
de net
12
Ma-13
Sa Pobla
Parc Natural de s'Albufera
Can Picafort
Betlem *Ermita de Betlem*
Cala Mezquida
va
Ma-3410
Ma-12
Necròpoli de Son Real
Parc Natural de la Península de Llevant
Cala Rajada
Ermita de Santa Magdalena
Muro
Colònia de Sant Pere
Artà
Santa Margalida
Ma-12
Ses Païsses
Capdepera
nca
Llubí
Ma-15
Coves d'Artà
NORDOSTEN
Ma-3340
Ma-3330
Ariany
Ma-3240
Maria de la Salut
Ma-15
Canyamel
celles
Sineu
Calicant
Ma-4040
Son Servera
Port Nou
Lloret de Vista Alegre
Petra
Sant Llorenç des Cardassar
Cala Millor
Sant Joan
Els Calderers
Son Carrió
Cala Moreia
Montuïri
Ma-15
Manacor
Puig de Randa
Vilafranca de Bonany
Ma-4020
Porto Cristo
da
Albocàsser
Ma-14
Coves del Hams
Coves del Drac
da
Porreres
Son Macià
Cala Romàntica
Ma-5020
major
Es Monjos
Felanitx
Cales de Mallorca
Ma-19
Ma-5100
Santuari de Sant Salvador
EN
Campos
Castell de Santueri
Ma-6030
Cas Concos
Portocolom
Ma-19
Ma-6040
Ma-14
Calonge
Sa Ràpita
Ma-19
Cala d'Or
as d'Es Trenc
Santanyí
Parc Natural de Mondragó
Portopetro
lònia de nt Jordi
Ses Salines
Botanicactus
Cala Figuera
Cap de Ses Salines

Parc Nacional Maritimoterrestre de l'Arxipèlag de Cabrera

0 Kilometer   10
N

Serra de Tramuntana

Persönliche Favoriten

Mallorcas Gebirgsregion birgt zahlreiche Geheimnisse. Um sie zu lüften, bieten sich vielfältige Optionen – z. B. von einem abgeschiedenen Hotel aus oder auf einer anspruchsvollen Autofahrt. Immer locken Genuss und Lebensfreude.

Ca's Xorc in Deià: Boutique-Hotel in den Bergen

Stil, Komfort und Charme sind Markenzeichen des idyllisch gelegenen Boutique-Hotels. Auf der Suche nach Individualität und Inspiration ist man hier goldrichtig.

Eine typische mallorquinische Finca aus dem 18. Jahrhundert wurde mit viel Liebe zum Detail zu einem fantastischen Boutique-Hotel umgestaltet. Das umwerfend schöne Anwesen vereint auf beispielhafte Weise historischen Zauber mit modernem Komfort – ein idealer Ort für Erholungsuchende sowie perfekter Ausgangspunkt und Retreat für Urlauber, die bei Wanderungen die Faszination von Mallorcas Bergwelt erleben möchten.

Das exponiert auf einem Hügel zwischen Sóller und Deià gelegene Anwesen wird von blühenden Gärten sowie Oliven- und Zitronenhainen umrahmt, der Blick auf die Berge der Serra ist unvergleichlich. Fliesenböden, Natursteinwände und Holzbalken schaffen ein so einzigartiges wie heimeliges Ambiente. Auch die geschickt arrangierten Kunstwerke und viele lauschige Ecken tragen zum Charme des Boutique-Hotels bei. Je nach Gusto kann man am Pool oder in der Bibliothek entspannen. Das Restaurant serviert mediterran-mallorquinische Küche.

Das Ca's Xorc bietet seinen Gästen auch einen Transfer vom und zum Flughafen.

Pool mit Bergblick im Boutique-Hotels Ca's Xorc

Hotel Ca's Xorc
E3 Carretera de Deià, km 56, Sóller
+34 971 638 280 casxorc.com

Serra de Tramuntana – Ruta de Pedra en Sec

Die Serra de Tramuntana wartet mit einer atemberaubenden Landschaft sowie einer vielfältigen Flora und Fauna auf, die man am besten zu Fuß entdeckt.

Die fast 90 Kilometer lange Gebirgskette Serra de Tramuntana erstreckt sich von Andratx im Südwesten bis zum Cap de Formentor im Norden. Hier finden sich viele Zeugnisse der maurischen Besatzung – etwa alte Trockensteinmauern, die angelegt wurden, um Platz für den Anbau von Getreide und Gemüse zu schaffen, sowie traditionelle Bewässerungsmethoden.

Die aus acht Etappen bestehende Ruta de Pedra en Sec (Trockensteinroute, GR 221) ist mit 150 Kilometern der längste Wanderweg der Balearen und verbindet Port d'Antratx mit Pollença. Man ist auf alten gepflasterten Wegen unterwegs, die früher die Bergdörfer verbunden haben, und taucht ein in das »andere«, ursprüngliche Mallorca. Die Teilstrecken reichen von einfachen bis schwierigen Routen, die zwischen drei und acht Stunden dauern können. Am Ende der Etappe wartet eine schöne Herberge *(refugio)*, in der man entspannen und übernachten kann. Natürlich kann man auch nur einzelne Etappen absolvieren, eine einfache Route ist etwa die von Deià (Refugio Can Bo) nach Sóller (Refugio Muleta).

Ruta de Pedra en Sec, Trockensteinroute GR 22
Infos, Kartenmaterial und Online-Reservierungsmöglichkeit der Herbergen auf der Website des Inselrats: caminsdepedra.conselldemallorca.cat

Bergdorfromantik in Fornalutx

Was für eine Kulisse: Ein charmanter Ort vor traumhaftem Bergpanorama. Den Zauber von Fornalutx erlebt man am besten bei einem Spaziergang durch die engen Gassen.

Der malerische Ort braucht keinen Vergleich mit anderen Schmuckkästchen der Serra de Tramuntana wie Deià oder Valldemossa zu scheuen. Ganz im Gegenteil – das Bilderbuchdorf Fornalutx wurde schon mehrfach als schönstes Dorf Spaniens ausgezeichnet. Und bei einem gemütlichen Spaziergang erlebt man seine Faszination hautnah. Das Ortsbild prägen kopfsteingepflasterte, über Treppen miteinander verbundene Gassen sowie gepflegte ockerfarbene Häuserfassaden mit fein beschnitzten Holztüren, grünen Fensterläden und Pflanzenkübeln mit Oleander, Hibiskus und Olivenbäumchen neben den Eingängen.

Häuserfassaden in Fornalutx

Am Hauptplatz plätschert ein Brunnen, auf den kleinen Terrassen der Cafés genießt man unter Markisen und duftenden Zitrusbäumen eine willkommene Erfrischung. Bestellen Sie am besten einen Orangensaft, der aus zum Greifen nahen Früchten gepresst wird.

Fornalutx wird von ausgedehnten Gärten und Zitruspflanzungen umgeben. Sie bilden den grandiosen Rahmen für das wunderschöne Ensemble der alten Steinhäuser.

Fornalutx
🅰 E3 🅰 700

Fahrt zum Cap de Formentor

Die kurvenreiche Panoramastrecke auf der 13 Kilometer langen Halbinsel Formentor zum nördlichsten Punkt der Insel gehört zu den spektakulärsten Routen auf Mallorca.

Bevor die Serra de Tramuntana im Meer versinkt, präsentiert sie sich noch einmal von ihrer eindrucksvollsten Seite – eine Naturkulisse von dramatischer Schönheit, geprägt vom Kontrast zwischen steil abfallenden Felsen und idyllischen Badebuchten. Wilde Romantik pur!

Für die 21 Kilometer lange Route muss man kein Meister der Serpentine sein, sollte

zum Bestaunen der Landschaft aber lieber anhalten. Die Szenerie versetzt viele Betrachter in einen wahren Fotorausch.

Startpunkt der Tour ist in Port de Pollença. In zahlreichen Kurven schlängelt sich die Straße bergauf und führt an einem Wehrturm vorbei. Etwa auf halber Strecke verläuft eine Seitenstraße zur Platja Formentor, einem attraktiven Sandstrand. Ob Badestopp oder nicht: Die Hauptstraße führt weiter nach Nordosten. Pfade verlaufen zur Cala Figuera (km 12) und zur Cala Murta (km 13), zwei ruhigen Buchten mit kristallklarem Wasser. Schließlich erreicht man die Spitze der Halbinsel mit ihrem Leuchtturm *(siehe S. 132)* und kann die spektakuläre Aussicht genießen.

Informieren Sie sich vorab über mögliche Zufahrtsbeschränkungen für private Pkw oder nehmen Sie einen der Shuttle-Busse, die zwischen der Platja von Formentor und dem Leuchtturm verkehren und an allen wichtigen Stationen halten.

Cap de Formentor – Landspitze mit Leuchtturm

Hafenmole von Port d'Andratx: Anlegeplatz und Flaniermeile

SEHENSWÜRDIGKEITEN

❶

Andratx

🅰 B6 🏨 11 000 (Andratx), 3000 (Port d'Andratx)
ℹ️ Avinguda de la Cúria 1, +34 971 628 019
🅦 visit-andratx.com

Der Mittwochsmarkt in Andratx zählt zu den stimmungsvollsten im Südwesten Mallorcas. Das schmucke Ortsbild prägen viele alte, meist ockerfarbene Häuser und kopfsteingepflasterte Gassen. Bedeutendstes Bauwerk ist die Kirche Santa María (13. Jh.), deren Turm bei Seeräuberangriffen als Zufluchtsstätte diente. Das außerhalb gelegene Centro Cultural Andratx (ccandratx.eu) präsentiert moderne Kunst auf hohem Niveau.

Umgebung: Fünf Kilometer südwestlich von Andratx liegt Port d'Andratx. Das einstige Fischerdorf ist heute ein mondäner Ferienort mit luxuriösen Residenzen, in der Bucht ankern exklusive Jachten.
In der Umgebung von Andratx und in Calvià gibt es einige schöne Golfplätze.

❷

Sant Elm

🅰 A6 🏨 400 ℹ️ Avinguda Jaume I 28, +34 971 239 205
🅦 visit-andratx.com/de/towns/sant-elm

Sant Elm ist weit mehr als nur Ausgangspunkt für Fahrten zur Insel Sa Dragonera *(siehe rechts)*. Der ruhige Ferienort am westlichsten Punkt Mallorcas bietet einen schönen Sandstrand und eine hübsche Promenade mit vielen Cafés und Restaurants, von einigen hat man Sicht auf die Dracheninsel und die kleinere Insel Es Pantaleu. Equipment für Wassersportarten wie Kajakfahren, Stand-Up-Paddling oder Tauchen kann man vor Ort ausleihen (www.keida.es).

❸

Banyalbufar und Estellencs

🅰 C4–5 🏨 500 (Banyalbufar), 300 (Estellencs)

So stellt man sich idyllische Bergdörfer vor: Hanglage, Steinhäuser, Gassengewirr, steile Wege zum Meer und immer wieder fantastische Aussichten prägen die beiden sechs Kilometer voneinander entfernten Orte – auch wenn Estellencs einen Tick romantischer wirkt. Eine Augenweide sind die Terrassenfelder *(siehe S. 115)* mit Gemüsebeeten sowie Oliven-, Mandel- und Zitrusbäumen, deren Duft in der Blütezeit durch die Straßen weht. Der Weinbau ging seit der Reblausplage Ende des 19. Jahrhunderts deutlich zurück.
Im Hinterland von Estellencs ragt der 1027 Meter hohe Puig de Galatzó auf, das gleichnamige Naturreservat bietet viele Wanderwege. Hinter der Bergkette erreicht man die malerischen Orte Galilea und Puigpunyent.

Strand von Sant Elm mit vorgelagerten Inseln

Sa Dragonera

Wie ein schlafender Drache ragt die Insel aus dem Meer – daher der Name. Geologisch ist sie eine Fortsetzung der Serra de Tramuntana. Die unbewohnte Dracheninsel war früher ein berüchtigter Piratenunterschlupf, heute steht sie unter Naturschutz, der gleichnamige Naturpark umfasst eine Fläche von 274 Hektar. Sa Dragonera eignet sich für kleinere Wanderungen, bei denen man viele Dragonera-Eidechsen (»Mini-Drachen«) ins Gestrüpp huschen sieht, die Vogelwelt präsentiert sich ebenfalls artenreich. Die küstennahen Gewässer sind begehrte Tauchreviere. Den besten Blick hat man von der Ruine des Leuchtturms Far Vell am höchsten Punkt (353 m). Nehmen Sie Proviant und Sonnenschutz mit, es gibt auf der Insel keine Einkehrmöglichkeiten und kaum schattige Plätze.

> ### Sa Dragonera
>
> 🚢 mehrmals tägl. von Sant Elm, Dauer: 20 Min. Feb, März: Mo – Sa 9:45 – 12:15 (letzte Rückfahrt: 15); Apr – Sep: tägl. 9:45 – 14:15 (letzte Rückfahrt: 16:50); Okt: tägl. 9:45 – 12:15 (letzte Rückfahrt: 15) 📞 +34 971 180 632 (Naturpark) 🆆 cruceros margarita.com 🆆 scuba-activa.com

Blick auf die Dracheninsel
Eine Gestalt wie das Fabelwesen: Kopf, Panzer mit Schuppen und langer Schweif *(von links)*.

Far de Tramuntana
Früher signalisierten Leuchttürme Piratenangriffe, heute sind sie wichtige Landmarken. Zwischen dem Leuchtturm an der Nordostspitze *(oben)* und dem Far es Llebeig an der Südwestspitze verläuft ein Wanderweg.

Eidechsen
Dragonera-Eidechsen lebten schon vor Ankunft des Menschen auf der Insel. Man begegnet ihnen hier einfach überall: im Gebüsch, auf Wanderwegen und Felsklippen – bei mehreren Hunderttausend Exemplaren ist das auch keine Überraschung.

Nordwestküste

Länge ca. 50 km **Höhenmeter** 1288 m aufwärts, 946 m abwärts (ohne Abstecher)
Start Andratx **Ziel** Valldemossa **Rasten** In den meisten Orten gibt es ein Restaurant oder eine Bar. Das Restaurant beim Mirador de Ricardo Roca ist sehr gut.

🛈 **Avinguda Palma 7, Valldemossa** 📞 **+34 971 612 019**

Die Bergwelt der Serra de Tramuntana bietet einen wundervollen Kontrast aus dramatischen Ausblicken und erholsamer Abgeschiedenheit. Am beeindruckendsten ist die Szenerie der zerklüfteten Küste, die zugleich finster und wunderschön wirkt. Die Route durch Tunnel und Schluchten ist atemberaubend und trotz teils enger Kurven keineswegs schwierig zu befahren – mit Ausnahme der Stichstraßen zu Port d'es Canonge und Port de Valldemossa. Man kann die Strecke gut an einem Tag zurücklegen. Sehr Sportliche bewältigen die Tour mit dem Fahrrad.

Schon gewusst?

Die Serra de Tramuntana gehört zum UNESCO-Welterbe in der Kategorie Kulturlandschaft.

③ Estellencs
Mit seinen alten Steinhäusern und den engen Gassen wirkt das Bergdorf fast ein wenig düster – aber interessant.

② **Mirador de Ricardo Roca**
Von der Terrasse des Restaurants Es Grau bietet sich ein Bilderbuchblick auf die Nordwestküste. Genießen Sie ihn in vollen Zügen!

① Andratx
Einladende Plätze mit Cafés und kopfsteingepflasterte Straßen prägen die zauberhafte Kleinstadt. Am Mittwoch ist Markttag, legen Sie Ihren Besuch möglichst auf diesen Tag.

④ Mirador de Ses Ànimes

Der Turm auf einem steilen Felsen war Teil eines Piratenfrühwarnsystems. Heute dient er als Aussichtsturm. Der Eingang ist eng, zur Terrasse ganz oben führt nur eine Trittleiter.

⑤ Banyalbufar

Araber gründeten den Ort und legten hier Terrassenfelder an. Die so ausgeklügelte wie aufwendige Landbaumethode gibt auch optisch viel her. Nicht zuletzt deshalb gehört Banyalbufar zu den schönsten Orten an der Westküste Mallorcas.

⑦ La Granja

In dem früheren Landgut finden auch Tanz- und Handwerkspräsentationen und Weinproben statt.

⑥ Port d'es Canonge

Die Straße zu dem Fischerhafen mit Strand ist eng und kurvig, doch ein Bad im Meer entschädigt für alle Mühen.

⑧ Esporles

Im Zentrum des hübschen Dorfs zwischen Orangen- und Mandelbaumhainen verläuft der Passeig del Rei mit Cafés und Restaurants.

⑨ Port de Valldemossa

Ein kleiner Kiesstrand und ein paar gute Fischrestaurants belohnen die Fahrt auf der kurvigen Straße, die von Valldemossa hierher führt.

Terrassenanbau mit Olivenbäumen – kulturelles Erbe der Araber

Tramuntana mit dem Fahrrad
Die Bergstrecken durch das Gebirge sind zwar gut asphaltiert. Es sind aber viele Höhenmeter zu bewältigen.

⑩ Valldemossa

Frédéric Chopin verbrachte hier den Winter 1838/39. Das gesamte Ortszentrum ist ein einziges Museum. Machen Sie Ihre eigene Führung!

4 🚶 🍴

La Granja

🅰 C5 🏠 Carretera Banyalbufar, km 1,5, Esporles
📞 +34 971 610 032 🕐 tägl. 10–19 (Winter: bis 18)
🌐 lagranja.net Handwerksausstellung und Pferdedressuren: Feb–Okt: Mi, Fr 15–16:30

Ein Ort für Nostalgiker und Genießer: Das zum Museum umgestaltete Landgut *(finca)* ist bekannt für seine Probierstuben
mit regionalen Produkten. Kosten Sie Wein und Likör, Käse
und Wurst, Feigenbrot und das Schmalzgebäck *bunyols*. Der
Rundgang zeigt, dass sich die früheren Bewohner komplett
selbst versorgen konnten. Besonders spannend sind die Werkstätten alter Handwerke und die Pferdedressuren.

In der **Färberei** färbte
man in Bottichen Stof-
fe und Gewebe in allen
Farben – ausschließ-
lich in Handarbeit.

Der bepflanzte **Innenhof** ist das
Herz des Landguts. Beachten Sie
den Oldtimer in der Garage sowie
die Weinfässer.

Kassettendecke, Sekretäre und
Bücherregale der **Bibliothek** sind
Inbegriff eines Lesezimmers.

> **Außerdem**
> ① Restaurant
> ② Tor zum Park
> ③ Am Haupteingang befinden
> sich der Laden und ein Café.

← Das an einen Hang gebaute
Anwesen diente gleichzeitig
als Residenz und Produk-
tionsbetrieb für Nahrungs-
mittel. Heute erlebt man
hier typisch mallorquini-
sche Traditionen.

←

Die Küche des Landguts ist noch mit dem originalen Mobiliar eingerichtet. Von der Decke hängen Utensilien und Gewürze, in der Salzwanne wurden Lebensmittel haltbar gemacht.

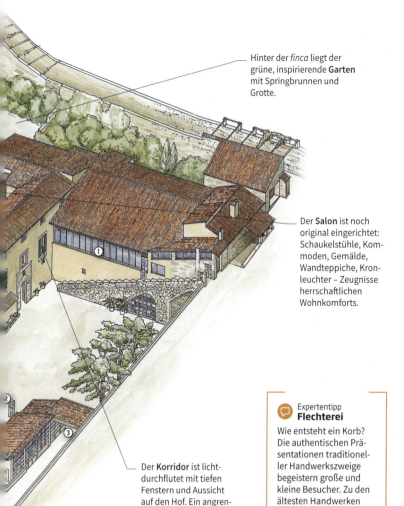

Hinter der *finca* liegt der grüne, inspirierende **Garten** mit Springbrunnen und Grotte.

Der **Salon** ist noch original eingerichtet: Schaukelstühle, Kommoden, Gemälde, Wandteppiche, Kronleuchter – Zeugnisse herrschaftlichen Wohnkomforts.

Der **Korridor** ist lichtdurchflutet mit tiefen Fenstern und Aussicht auf den Hof. Ein angrenzender Raum zeigt eine Spielzeugsammlung.

💬 Expertentipp
Flechterei

Wie entsteht ein Korb? Die authentischen Präsentationen traditioneller Handwerkszweige begeistern große und kleine Besucher. Zu den ältesten Handwerken gehört das Flechten von Körben und anderen Behältnissen.

Wunderschöner Laubengang mit Wasserspiel in den Jardines de Alfàbia (siehe S. 122)

➎ Valldemossa

🅰 D4 🏛 2000
ℹ Avinguda
Palma 7, +34 971
612 019

Schon gewusst?

In und um Valldemossa haben viele Promis Häuser, u. a. Michael Douglas und Catherine Zeta-Jones.

In ihrem Buch *Ein Winter auf Mallorca* preist die Schriftstellerin George Sand *(siehe rechts)* Valldemossa als den schönsten Ort, den sie je besuchte. Noch heute kann man sich dem Zauber des Orts kaum entziehen. Nach der berühmten Kathedrale von Palma gilt das Kartäuserkloster (spanisch: *cartuja*; katalanisch: *cartoixa*) als meistbesuchtes Bauwerk der Insel. Doch auch ein Bummel durch die vielen pittoresken Gassen ist ein Erlebnis. Dabei passiert man blumengeschmückte

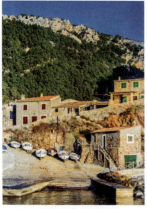

Mit Pflanzen geschmückte Fassaden in Valldemossa

verließen das Kloster, die geräumigen Zellen wurden weltlichen Zwecken zugeführt.

Frédéric Chopin *(siehe rechts)* mietete hier 1838 mit seiner Geliebten George Sand eine ehemalige Mönchszelle – gewissermaßen der Beginn des Tourismus auf Mallorca.

Zum Kloster gehört eine Kapelle mit spätbarocken Deckengemälden von Miguel Bayeu, einem Verwandten Goyas. Die angrenzenden Zellen beherbergen Erinnerungsstücke an Chopin und Sand.

Ältester Teil der Anlage ist der Palau del Rei Sanç (Palast von König Sancho). Beim Festival Chopin im August wird er zur Bühne für Klavierkonzerte. Das ebenfalls im Kloster untergebrachte Museu Municipal d'Art präsentiert Werke spanischer Künstler wie Antoni Tàpies, Joan Miró und Juli Ramis. Auch Picassos Stichzyklus *Begräbnis des Grafen Orgaz* ist hier zu sehen. In der Klosterapotheke stehen Majolika- und Glasbehälter, in denen einst Heilmittel aufbewahrt wurden. Im Klostergarten kann man entspannen.

Das Geburtshaus der Santa Catalina Thomàs (Carrer Rectoría 5) wurde in eine reich dekorierte Kapelle umgestaltet.

Umgebung: Sechs Kilometer nördlich von Valldemossa liegt Port de Valldemossa malerisch an einer Bucht. Das von Klippen umgebene Fischerdorf erreicht man nur über eine enge Straße mit Haarnadelkurven. Der Kiesstrand ist zwar klein, aber wunderschön.

Boote im Hafen des Fischerdorfs Port de Valldemossa

Steinhäuser, Läden und Cafés. An vielen Gebäuden sieht man Fliesen, in denen Santa Catalina Thomàs um Beistand gebeten wird.

Spannend ist die Geschichte des Klosters: Auf den Mauern eines arabischen Schlosses ließ der spanische König im 14. Jahrhundert einen Palast errichten. Dieser wurde 1399 an Kartäusermönche übertragen, die ihn zum Kloster umbauten. 1835 wurden die Mönche enteignet und

Santa Catalina Thomàs (1531–1574)

Die in Valldemossa geborene Catalina Thomàs ist die einzige mallorquinische Heilige. Mit 23 Jahren trat sie in einen Augustinerorden ein. Catalina war für ihre tiefe Demut bekannt und lehnte daher den Posten der Mutter Superior ab. Bestattet ist sie in der Kapelle des Konvents Santa María Magdalena in Palma, wo sie viele Jahre lang lebte. 1930 wurde sie heiliggesprochen.

Beim Fest zu Ehren von Santa Catalina Thomàs

Frédéric Chopin und George Sand

Der große polnische Komponist Chopin (1810–1849) verbrachte im Winter 1838/39 vier Monate in Valldemossas Kloster *(siehe links)*. In seiner Begleitung befanden sich Aurore Dupin, besser bekannt als die französische Autorin George Sand (1804–1876), und deren Kinder. Das Paar wollte hier neugierigen Blicken der Pariser Gesellschaft entgehen und zugleich etwas für Chopins Gesundheit tun. Doch wegen des schlechten Wetters in jenem Winter wurde seine Tuberkulose noch schlimmer. Der Besuch des Paars in Valldemossa, den Sand in *Ein Winter auf Mallorca* beschrieb, machte das Bergdorf berühmt.

> ## Cartoixa (Kartause) ⊘
> 🏠 Plaça de la Cartoixa s/n
> 📞 +34 971 612 106
> 🕐 Mo – Fr 10 –17, Sa 10 –16
> Klavierkonzerte (Dauer: 15 Min.): 10:30, 11:30, 12:30, 13:15, 14:15
> W cartujadevalldemossa.com
> W celdadechopin.es

Pleyel-Klavier
Dieses Klavier ist das älteste Instrument von Frédéric Chopin. Es befindet sich in Zelle Nr. 4, wo er mehrere Stücke komponierte.

Notenblätter
Zu den ausgestellten Dokumenten gehören auch mehrere Notenblätter von Stücken Chopins.

Cartoixa
Die in kräftigem Blau bemalte Spitze des Glockenturms der Kartause leuchtet unter der Sonne Mallorcas. Gepflegte Gartenanlagen mit mediterraner Vegetation umrahmen das Gebäude.

⑥ Jardines de Alfàbia

A E4 **⌂** Carretera Palma–Sóller, km 17, Bunyola **☏** +34 971 613 123 **◷** März–Okt: tägl. 9:30–18:30 (letzter Einlass: 60 Min. vor Schließung) **W** jardinesdealfabia.com

Das weitläufige Ensemble ist ein außergewöhnlich schönes Beispiel arabischer Gartenbaukunst. Besucher spazieren unter Laubengängen und auf Alleen, vorbei an Palmen, Platanen, Farnen und Zitrusbäumen, Teichen, Brunnen und Bächen – immer begleitet vom leisen Plätschern der kunstvoll arrangierten Wasserspiele.

Am höchsten Punkt des Anwesens steht das prunkvolle Landhaus mit Holzvertäfelungen, altem Mobiliar, Gemälden, Bildhauerarbeiten, Musikinstrumenten und geknüpften Wandteppichen. Zu den meistfotografierten Objekten darin gehören ein herrschaftlicher Lehnstuhl (15. Jh.) mit prachtvollen Schnitzereien und der Salon, in dem Königin Isabella II bei einem Besuch 1860 übernachtete. Ein besonderer Blickfang ist außerdem die aus dem Holz von

Jardines de Alfàbia – blühendes Erbe aus arabischer Zeit

Steineichen und Kiefern geschnitzte Kassettendecke (12. Jh.) in einem Durchgang zum Innenhof. Sie enthält filigrane Intarsien mit arabischen Ornamenten. Einige Gravuren zeigen Wappen der hier wohnenden arabischen Familien. Nach Ende der arabischen Herrschaft residierten mallorquinische Adlige in dem Anwesen.

Ein separater Bereich der Jardines de Alfàbia dient als Tiergarten, in dem u. a. für die Insel typische schwarze Schweine, Ziegen sowie Pfaue und andere Vögel zu sehen sind.

Schon gewusst?

Der Reitweg, den Ludwig Salvator anlegen ließ, dient heute als Wanderweg (Erzherzogweg).

⑦ Castell d'Alaró

A F4 **▲** 5500 **i** Plaça de la Vila 17, +34 971 510 000

Alaró liegt eindrucksvoll am Fuß des Puig d'Alaró (825 m). Das historische Zentrum ist sehr reizvoll. Die Kleinstadt ist Ausgangspunkt für Wanderungen zum fünf Kilometer nördlich gelegenen Castell d'Alaró, die in 817 Metern Höhe gelegene Festung ist die herausragende Sehenswürdigkeit der Gegend.

Die Strecke dorthin führt durch eine liebliche Terrassenlandschaft mit ausgedehn-

Marmorne Rotunde mit schönem Ausblick im Garten von Son Marroig

ten Olivenhainen. Der erste Teil kann mit dem Auto zurückgelegt werden, den letzten Abschnitt bewältigt man besser zu Fuß.

Die von den Arabern im 10. Jahrhundert eroberte Festung galt lange Zeit als uneinnehmbar. Zur Zeit der christlichen Eroberung Mallorcas im 13. Jahrhundert war das strategisch bedeutende Castell d'Alaró eine der letzten arabischen Bastionen auf der Insel. Von der ursprünglichen Anlage sind noch die Burgmauer und einige Türme erhalten.

Die Szenerie in gebirgiger Landschaft hat etwas Wildromantisches. In der Nähe liegt die Tropfsteinhöhle Cova de Sant Antoni.

8

Son Marroig
Ⓐ D4 **☎** +34 971 639 158
⏱ Mo – Sa 9:30 – 14, 15:30 – 16:30 **W** sonmarroig.com
W ludwig-salvator.com

Die Villa, in der sich der Habsburger Erzherzog Ludwig Salvator *(siehe Kasten)* 1872 niederließ, thront hoch über der Küste. Mit seinen landeskundlichen und naturwissenschaftlichen Studien im Mittelmeerraum – insbesondere auch der Balearen – hatte sich der weit gereiste Adelige einen Namen gemacht.

Das eindrucksvoll gelegene Anwesen ist heute ein Museum mit Erinnerungsstücken an den Wahl-Mallorquiner, ausgestellt sind u. a. einige seiner literarischen und wissenschaftlichen Werke. Im Garten steht eine Marmorrotunde. Von hier hat man einen grandiosen Blick auf die Halbinsel Sa Foradada mit dem »Lochfelsen«.

Südwestlich befindet sich der Monestir de Miramar. In dem Haus übernachtete Kaiserin Elisabeth (»Sisi«), eine Vertraute von Ludwig Salvator, bei ihren Mallorca-Aufenthalten.

9
Deià

Ⓐ D4 **🗺** 600 **ℹ** Carrer Porxo 4 **☎** +34 971 639 077
W ajdeia.net

Ein Ort der Superlative: Das exponiert gelegene Dorf zählt zu den schönsten Mallorcas und daher auch zu den größten Anziehungspunkten an der Westküste der Insel. Die Szenerie ist fast zu schön, um wahr zu sein: Von ausgedehnten Gärten umrahmte Landhäuser schmiegen sich an den Hang. Steile Gassen verbinden die Anwesen und führen zu Aussichtspunkten, von denen man aufs Meer, auf Zitrusgärten und Olivenhaine blickt.

Kein Wunder, dass sich hier Generationen von Künstlern und Literaten inspirieren ließen. Häufig war Deià Kulisse für Dreharbeiten von Filmen und Serien. Noch heute weht ein Hauch von Bohème durch das Dorf. Kunstgalerien, Boutiquen, Terrassenrestaurants und Top-Hotels mit illustrer Gästeliste runden das Bild ab.

Die von einem schönen Garten umrahmte **Casa de Robert Graves**, der ehemalige Wohnsitz des britischen Dichters *(siehe Kasten)*, widmet

sich seinem Leben und Werk. Bekannt wurde er vor allem durch historische Romane.

Casa de Robert Graves
♿ **🏠** Carreterra Deià – Sóller
☎ +34 971 636 185 **⏱** Apr – Okt: Mo – Fr 9:30 – 16:30; Nov – März: Mo – Fr 9 – 16 (Mitte Dez – Mitte Jan: nur Mo – Fr 10 – 13)
W lacasaderobertgraves.org

Der Inbegriff mallorquinischer Idylle: Zwischen den Natursteinhäusern Deiàs ragen Palmen und Zypressen auf

❿ Sóller

🅰 E3 🏘 13 500 ℹ Plaça Constitució, +34 971 638 008 🆆 visitsoller.com

Orangen, Orangen, Orangen: Bis an den Stadtrand gedeihen die Zitrusfrüchte in ausgedehnten Hainen, zur Blütezeit weht ihr Duft durch die Straßen und Gassen, in den Cafés gibt es viele Orangen-Desserts. Unbedingt probieren: Sóller Flip mit Orangensaft, Orangeneis, Vanilleeis und Sahne.

Schon im Mittelalter verdankte die Stadt ihren Wohlstand dem Orangenanbau. Vor dem Bau der Eisenbahn *(siehe rechts)* war Sóller vom Rest der Insel isoliert und exportierte Orangen über den Hafen Port de Sóller auf das Festland und nach Frankreich.

Durch die Einnahmen blühten Architektur und Kunst. Nach Palma ist Sóller die am zweitstärksten vom *modernisme* geprägte Stadt der Insel. Alle Wege führen zur Plaça Constitució, oft als schönster Platz Mallorcas bezeichnet. Sein besonderes Flair erhält er auch durch zwei Bauten mit Jugendstil-Fassade: die Kirche Sant Bartomeu mit großer Fensterrose und das Gebäude der Banc de Sóller – beides Werke von Joan Rubió

Fassade der Kirche Sant Bartomeu in Sóller

Schon gewusst?

Sóller liegt im Herzen des »Orangentals«, das auch als »Tal des Goldes« bekannt ist.

i Bellver, einem Schüler Antoni Gaudís. Auch das **Can Prunera Museu Modernista** mit Jugendstil-Objekten und einer Gemäldesammlung (19./20. Jh.) mit u. a. Werken von Joan Miró und Paul Klee wurde nach seinen Entwürfen errichtet. Falls Sie sich für Kunsthandwerk interessieren: Durch die Räume des mit alten Möbeln und Keramiken bestückten Museu del Casal de Cultura weht ein Hauch des alten Mallorca.

In seiner Art auf Mallorca einmalig ist das Museu Balear de Ciències Naturals. Mit dem angrenzenden Jardí Botànic, der die Pflanzenvielfalt der Insel widerspiegelt, bildet es ein Ensemble (www.museuciencies naturals.org).

Sóller erreicht man mit dem Auto über eine Bergstraße oder den (mautpflichtigen) Tunnel sowie per Bahn *(siehe S. 125)*.

Can Prunera Museu Modernista

📎 🏠 Carrer de sa Lluna 86 📞 +34 971 638 973 🕐 März–Okt: Di–Sa 10:30–18; Nov–Feb: Di–So 10:30–18 🆆 canprunera.com

Umgebung: Fünf Kilometer von Sóller entfernt liegt der Ferienort Port de Sóller. Im Mai wird hier und in Sóller eine große Schlacht (1561) nachgestellt *(siehe S. 62)*.

Blick auf den Ferienort Port de Sóller

Zugfahrt von Palma nach Port de Sóller

Ein Highlight nicht nur für Nostalgiker: Die schönste Art, von Palma nach Sóller (und zurück) zu kommen, ist eine Fahrt mit dem »Roten Blitz«. Diese elektrische Schmalspurbahn fährt seit 1912 die 27 Kilometer lange Strecke durch die Serra de Tramuntana. Ständig eröffnen sich neue Perspektiven. Nostalgische Trams verbinden Sóller mit dem Küstenort Port de Sóller.

③ Mirador Pujol d'en Banya
Ein traumhafter Blick auf Sóller vor fantastischer Bergkulisse bietet sich den Passagieren beim Stopp an diesem Aussichtspunkt.

⑤ Port de Sóller
Die Fahrt von Sóller nach Port de Sóller dauert 15 Minuten. Die Trams, die häufiger verkehren als der Zug, fahren am Strand entlang. Endstation ist der Hafen.

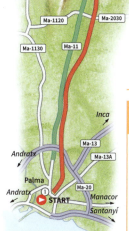

④ Sóller
Nach einer Stunde und 13 Tunnel erreicht die Bahn Sóller. Von hier fährt eine Tram durch das Zentrum in den Hafenort Port de Sóller.

② Bunyola
Der verwinkelte Ort mit den extrem schmalen Gassen ist die letzte Haltestelle vor der schwindelerregenden Fahrt durch die beeindruckende erra de Tramuntana.

① Palma
Die holzverkleideten Waggons starten an der Plaça d'Espanya in Palma. Schon in der nostalgischen Bahnhofshalle beginnt die Zeitreise. Täglich werden vier bis sechs Fahrten angeboten.

Routeninfos
Start: Palma
Ziel: Port de Sóller
Länge: 27 km
Dauer: 1:15 Std.
(1 Std. Zug, 15 Min. Tram)
Zug-Infos: Carrer Eusebio Estada 1, Palma,
☎ +34 971 752 051;
Plaça d'Espanya 6, Sóller,
☎ +34 971 630 130
🌐 trendesoller.com

Port d'Andratx: einst Fischerdorf, heute mondäner Ferienort (siehe S. 112)

Strand am Ende der Schlucht Torrent de Pareis bei Sa Calobra

⑪ Sa Calobra
🅰 F2 🅼 70

Ein paar Häuser an einer von Klippen umgebenen Bucht – das ist der Ferienort Sa Calobra. Man erreicht Dorf und Bucht über einen durch Tunnel führenden Küstenweg, per Schiff von Port de Sóller, bei einer Kletterwanderung von Escorca oder über eine Straße mit engen Kurven über tiefen Abgründen. Nicht umsonst trägt eine sich selbst überquerende 300-Grad-Kurve den Beinamen *Nus de la Corbata* (»Krawattenknoten«). Die Serpentinenstrecke zweigt beim Embalse de Gorg Blau von der Straße Sóller – Pollença ab.

Zwei Kilometer vor Sa Calobra können Sie links in den Ort Cala Tuent mit gleichnamigem Strand abbiegen.

⑫ Coves de Campanet

🅰 G3 🏠 Autopista Palma – Sa Pobla, km 37 ☎ +34 971 516 130 🕐 tägl. 10–18:30 (Winter: bis 17:30) 🌐 covesdecampanet.com

Die nach dem Ort Campanet benannten Höhlen gehören zu den weniger bekannten, sind aber durchaus reizvoll. Auch ohne Farbeffekte und Musik werden die bizarr geformten Stalagmiten und Stalaktiten würdevoll in Szene gesetzt.

⑬ Ses Fonts Ufanes
🅰 G3 🏠 Finca Gabellí Petit

Was für ein Naturschauspiel: In einem ansonsten beschaulichen Eichenwald nordwestlich der Coves de Campanet auf dem Landgut Gabellí Petit ereignet sich in unregelmäßigen Abständen etwas höchst Sonderbares: Nach besonders heftigen Regenfällen sprudeln die Quellen Ses Fonts Ufanes. So weit, so natürlich. Doch binnen kurzer Zeit wird die Szenerie regelrecht dramatisch, die vereinzelten Rinnsale rauschen dann wie reißende Sturzbäche talwärts und setzen den Wald unter Wasser.

Dieses so spektakuläre wie faszinierende Naturereignis dauert nur drei bis vier Tage an. Wenn die mallorquinischen Medien melden, dass es wieder mal so weit ist, sollte man sich also beeilen.

Serra de Tramuntana
Mallorcas Nordwesten wird von der Serra de Tramuntana dominiert. Höchster Gipfel des spektakulären Massivs ist der für die Öffentlichkeit gesperrte Puig Major (1445 m). Am besten erkundet man die Gegend zu Fuß. Alternativ können Sie sich mit dem Auto in die Bergwelt wagen (einige Highlights zeigt die Autotour auf Seite 114f). Auf den Strecken, die in Haarnadelkurven teils an steilen Abgründen vorbeiführen, sollten Sie besonders vorsichtig sein. Eine Herausforderung ist die Serpentinenstraße nach Sa Calobra. Bei Fahrten frühmorgens und spätnachmittags vermeiden Sie Buskarawanen.

Traum oder Albtraum? Serpentinenstraße nach Sa Calobra

Schlucht Torrent de Pareis

Mancher Outdoor-Enthusiast kommt allein für diese anspruchsvolle Kletterwanderung nach Mallorca. Ideal sind Trockenperioden zwischen Mai und September. Man kann von Escorca aus die gesamte Schlucht hinabsteigen (ca. 4 Std.), die Höhendifferenz beträgt ca. 500 Meter. Doch es geht auch kürzer: Beim Aufstieg von Sa Calobra erreicht man bereits nach etwa einer Stunde die größten Highlights. Diese Tour eignet sich nur für Geübte!

Routeninfos

Start / Ziel: Boote fahren zwischen Sa Calobra und Port de Sóller, Busse zwischen Port de Sóller und Escorca.
Dauer: 4 Std.
Rasten: Keine Einkehrmöglichkeit. Nehmen Sie ausreichend Wasser und Proviant mit.
Infos: Die Tour sollten Sie nur bei trockenem Wetter unternehmen. Eine Beschreibung, Angebote für Touren und aktuelles Kartenmaterial finden Sie online unter
W torrentdepareis.info

Std.
0:00 **START** ▶ Escorca

S'Entreforc

Hier nähern sich steile Felswände bis auf einen schmalen Durchgang an. Die beiden Schluchten Torrent des Gorg Blau und Torrent de Lluc vereinen sich zum Torrent de Pareis. Das folgende Felslabyrinth ist recht kompliziert.

1:30 S'Entreforc

1:45 Gumpen und Bachbett

2:00 Cova des Soldat Pelut

Unterwegs

Hinter jeder Ecke der gewaltigen Schlucht bietet sich ein neues Panorama. Im Verlauf der Tour sind einige Passagen zu durchwaten.

3:00 Cova des Romagueral

3:30 Grassos estrenyeu-vos und Pas de S'Estaló (Kletterpassagen)
Font des Degotis (Quelle)

4:00 ⬤ ZIEL

Ende bei Sa Calobra

Eine schmale Öffnung verbindet die Schlucht mit dem Meer. Zum Schluss der Tour lockt der Strand *(siehe S. 24)*.

Santuari de Lluc

F3 Plaça dels Peregrins 1 Museum
+34 971 871 525 tägl. 10–18 (Winter:
bis 17) Botanischer Garten tägl. 10–13,
15–18 Restaurant Sa Fonda +34 971
517 022 tägl. 13–21:30 lluc.net
santuaridelluc.com

Das Kloster ist das geistliche Zentrum der Insel.
Größte Attraktion ist die kleine Marienstatue
(La Moreneta): Der Schafhirte Lluc soll sie im
13. Jahrhundert in einer Höhle gefunden haben. Man brachte die Statue in die Kirche, doch
sie kehrte immer wieder an den Fundort zurück. Schließlich baute man für das wunder-
same Objekt eine eigene Kapelle.

↑ *Die schlichte Fassade der Kirche mit Glo-
ckenaufsatz steht im Kontrast zum reich
ausgeschmückten Inneren. Durch die
kleinen Fenster dringt nur wenig Licht.*

Die **Statue Bischof
Campins'** ehrt den
Geistlichen, der Antoni
Gaudí und Guillem
Reynés i Font mit der
Renovierung der Basi-
lika beauftragte.

Das **Museu de Lluc**
präsentiert Kunst-
handwerk wie
siurells (Pfeifen) und
Keramik sowie Ge-
mälde und Münzen.

Gepflegte **Grünflä-
chen mit Brunnen**
säumen die Wege
zum Haupteingang –
die idyllische Ouver-
türe eines Kloster-
besuchs.

Außerdem

① Die Kirche wurde von 1622
bis 1684 nach Plänen von Jaume
Blanquer als Kreuzbasilika im
Stil der Renaissance und des
Barock erbaut und in den folgenden Jahrhunderten mehrfach
umgestaltet.

② Schlafsäle

Durch die mit Gemälden der Zwölf Apostel geschmückte **Kuppel** dringt Tageslicht in die Kirche. Je nach Sonnenstand ergeben sich dabei spezielle Lichteffekte und Farbakzente.

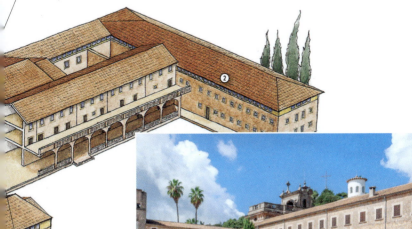

↑ *Im Schulgebäude leben auch die rund 40 Mädchen und Jungen des 1531 gegründeten Schulchors Els Blauets (»Die Blauen«), benannt nach den blauen Soutanen der Sänger. Der Chor tritt bei Sonntags- sowie bei Oster- und Weihnachtsmessen auf.*

Die nur 62 Zentimeter hohe Statue **La Moreneta de Lluc** (»Die kleine Dunkle«) mit dem Jesuskind im Arm steht in einer Nische in der Königlichen Kapelle (1707–24) hinter dem Hochaltar.

🔍 Entdeckertipp
La Dormició de la Verge

Bildhauerarbeiten zieren nicht nur den Innenraum der Kirche, sondern auch die Plaça dels Pelegrins davor. Diese von Llorenç Tosquella geschaffene Stele gehört zu einem schönen Zyklus aus dem 14./15. Jahrhundert.

⑮ Pollença

🅰 H2 🅼 16000 🅸 Carrer Pere J. Cànaves Salas s/n, +34 971 535 077
🆆 pollensa.com

Gasse im Zentrum von Pollença

Die »Kulturhauptstadt des Nordens« ist bekannt für ihre Kunstgalerien und Festivals (www.festivalpollenca.com). Ockerfarbene Häuser mit schönen Balkongittern prägen das Bild der Stadt. Treffpunkt ist die Plaça Major mit vielfältigen Veranstaltungen und dem beliebten Sonntagsmarkt. Einige Museen widmen sich auch besonderen Themen. Die Fundació Martí Vicenç (www.martivicens.org) zeigt traditionelle mallorquinische Stoffe und Gewänder (u. a. *robes de llengües*; *siehe S. 135*) sowie Bilder und Skulpturen des Künstlers.

Zu den Hauptattraktionen gehört die Wanderung auf den Hügel El Calvari (170 m) im Nordwesten – nicht nur wegen der grandiosen Aussicht. Die Kapelle auf dem Hügel ist ein Pilgerziel. Man erreicht sie auf dem Carrer del Calvari über eine teils von Zypressen gesäumte Treppe mit 365 Stufen. Die hier gefeierte Karfreitagsprozession ist ein Erlebnis. Alternativ oder zusätzlich bieten sich Aufstieg bzw. Auffahrt zum 330 Meter hohen Puig de Maria im Südosten an. Anziehungspunkte oben sind ein Kloster und ein Restaurant mit Gästezimmern und bester Paella.

Ob der Pont Romà wirklich aus römischer Zeit stammt, ist nicht geklärt. Eindrucksvoll ist die Brücke über den Torrent de Sant Jordi allemal.

Umgebung: Der Ferienort Port de Pollença sechs Kilometer östlich bietet einen Sandstrand und jede Menge Wassersport. Hier kann man Bootsfahrten unternehmen (www.lanchaslagaviota.com).

⑯ Cap de Formentor

🅰 JK1

In der rund 13 Kilometer langen Halbinsel Formentor taucht die Serra de Tramuntana ins Meer ab. Ihre Gestalt mit den hohen Klippen ist Ehrfurcht einflößend. Die wundervolle, aber wegen ihrer vielen Kurven durchaus anspruchsvolle Panoramastraße führt von Port de Pollença zum Cap de Formentor, der Landspitze mit dem gleichnamigen Leuchtturm. Hier stehen Sie an einem der großartigsten Aussichtspunkte der Insel. Bei klarem Wetter reicht die Sicht bis zur Nachbarinsel Menorca.

Wer einen Badestopp einlegen möchte: Etwa auf halber Strecke führt eine Seitenstraße zur Platja de Formentor, einem piniengesäumten Sandstrand. Genießen Sie das kristallklare Wasser.

Übrigens: Die besten Tageszeiten für eine Fahrt auf der Traumstraße zum Cap sind frühmorgens und spätnachmittags – dabei entgeht man den vielen Reisebussen.

Steiles Ende der Serra de Tramuntana am Cap de Formentor

Leuchttürme

Ob hoch oben auf einer Klippe oder knapp über dem Meeresspiegel: Leuchttürme (spanisch: *faros*; katalanisch: *fars*) sind Orientierungspunkte und Ausflugsziele. Die Vorstellung, dass in die Ferne blickende Leuchtturmwärter anklopfenden Besuchern die Tür öffnen, ist jedoch passé. Längst werden die Leuchtsignale per Computer ferngesteuert. Einige Türme wurden inzwischen umgewandelt. In Palmas altem Leuchtturm richtete man ein Museum ein, in dem ein Ex-Leuchtturmwärter spannende Geschichten erzählt.

Leuchttürme

Liste von Leuchttürmen auf Mallorca von Norden im Uhrzeigersinn (Jahr der Inbetriebnahme).
W farsdebalears.org

Far de Formentor (1863)
Far de Punta de l'Avançada (1905)
Far d'Alcanada (1861)
Far de Capdepera (1861)
Far de Portocolom (1863)
Far de sa Torre d'en Beu (1953)
Far del Cap Salines (1863)
Far del Cap Blanc (1863)
Torre de Senyals (1300)
Far de Cala Figuera (1860)
Far Port d'Andratx (1906)
Far del Cap Gros (1859)
Far de sa Creu (1944)

Far de Formentor
Spektakulär thront der Leuchtturm auf einem Steilfelsen am nördlichsten Punkt der Insel. Man erreicht ihn über eine serpentinenreiche Straße von Port de Pollença – eine Strecke nur für geübte Fahrer.

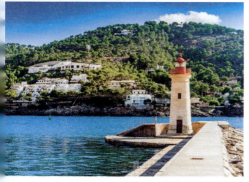

Far Port d'Andratx
Kennzeichen des Leuchtturms im Hafen von Port d'Andratx ist seine leuchtend rote Spitze.

Far de sa Creu
Zwei Generationen von Leuchttürmen nebeneinander: Der Far de sa Creu *(rechts)* ersetzte 1944 in Port de Sóller den tiefer gelegenen Far de Bufador (1864).

Der Far de Capdepera auf einer Landspitze an der Nordostküste Mallorcas ist ein beliebtes Ausflugsziel von Cala Rajada

Restaurants

Großes Gaumenkino präsentiert Mallorca auch mitten in den Bergen. Die Kombination aus Traumlandschaften und erlesenem Genuss ist einmalig, von vielen Restaurantterrassen bietet sich eine fantastische Aussicht auf Bergwelt, Häfen oder Meer. Die Palette an Restaurants reicht von der heimeligen Tapas-Bar über gediegene Restaurants bis zu stilvollen Gourmet-Tempeln. In manchen Orten sind die Restaurants auch Event-Locations (z. B. für Konzerte).

SÓLLER: Ca'n Pintxo €€
Tapas-Bar   E3
Carrer de la Rectoría 1, 07100
+34 971 631 643
canpintxo.com

Das Angebot an leckeren Tapas und den aufwendiger zubereiteten Pintxos (Pinchos) steht auf der Schiefertafel an der Wand der Tapas-Bar. Jede(s) einzelne ein wahrer Augen- und Gaumenschmaus. Das Lokal ist gelegentlich Bühne für Veranstaltungen wie Konzerte, Theateraufführungen und Filme.

PORT DE SÓLLER:
Agapanto €€€
Spanisch   E3
Camino del Faro 2, 07108
+34 971 633 860   Mi, Do
agapanto.com

Eines der schönsten Hafenrestaurants Mallorcas mit fangfrischem Seafood, Pasta und knackigen Salaten. Von der wundervollen Terrasse mit Blumenschmuck und würzigem Kräuterduft blickt man auf ein Bilderbuchpanorama des Hafens. Das Lokal dient gelegentlich auch als Bühne für Konzerte (Pop, Folk, Soul, Jazz).

DEIÀ: Es Racó d'es Teix €€€
Gourmet   D4
Carrer Vinya Vella 6, 07179
+34 971 639 501   Mo, Di; Mitte Nov – Mitte März
esracodesteix.es

Das Restaurant in traumhafter Berglage begeistert mit einer fantastischen Küche. Die Kreationen des deutschen Meisterkochs Josef Sauerschell, etwa Gänseleber mit Zuckerschoten und Rhabarber, überzeugen durch feinste Aromen. Hier speist auch die internationale Prominenz.

PORT D'ANDRATX: Trespais €€€
Fusion   B6
Carrer Antonio Calafat 24, 07157
+34 971 672 814   So, Mo
trespais-mallorca.com

Das Lokal ist ein ungewohnter, aber überaus gelungener Mix der Küchen dreier Länder *(tres países)*: Spanien, Italien und Österreich. Es besitzt zudem einen romantischen Patio mit Brunnen. Manche Segler steuern den Hafen extra für einen Besuch im Trespais an. Das Restaurant ist nur abends geöffnet.

Bar im Trespais, Port d'Andratx

VALLDEMOSSA: Ca'n Pedro €€
Mallorquinisch   D4
Avinguda Arxiduc Lluis Salvador 25, 07170
+34 971 612 170   Mo
canpedro.com

Das familiengeführte Restaurant verwöhnt mit mallorquinischer Küche in Räumlichkeiten mit mallorquinischem Flair. Genießen Sie Kaninchen oder Lammkeule, Tintenfisch oder Kabeljau sowie die wunderbaren Desserts – die *crema catalana* ist ein Traum.

POLLENÇA: La Braseria €€€
International   H2
Carretera de Pollença a Lluc 2, 07460
+34 971 53 44 74
grupcalvari.com

Spezialität sind hier Grillgerichte, die im Josper-Ofen, einer Kombination aus Grill und Backofen, zubereitet und verfeinert werden. La Braseria bezieht ihre Ware direkt von Bauern aus der Umgebung, die selbst gemachten Nachspeisen sind ein Gedicht.

Speisenangebot im Ca'n Pintxo, Sóller   *Terrasse des Agapanto, Port de Sóller*

Shopping

Auch wenn die Serra nicht zu den gefragtesten Shopping-Destinationen der Insel gehört: Neben farbenprächtigen Märkten findet man hier so manches Kleinod mit authentischen Produkten. Nehmen Sie etwas vom Mallorca-Gefühl mit nach Hause – etwa typische Stoffe, Tonwaren, Delikatessen oder den zarten Duft der Insel in Flakons.

Schinken, eine Inseldelikatesse

MARRATXÍ: Flor d'Ametler   €€
Parfüm   🅰 E6
Camí de Can Frontera 73, 07141
📞 +34 971 601 510   🕒 Sa, So
🌐 **flordametler.com**
Die Mandelblüte im Februar gilt auf Mallorca als Frühlingsbote. Bei Flor d'Ametler werden aus den Blüten Parfüms produziert. Im angegliederten Shop kann man Düfte sowie Mandelseifen, -öle und -cremes erwerben. Markenzeichen: In jedem Flakon schwimmt eine von Hand eingesetzte Blüte.

Körbe vor einem Shop, Andratx

POLLENÇA:
Terra Ceramica Mallorca   €€
Keramik   🅰 H2
Carrer Miquel Costa i Llobera 5, 07460
📞 +34 971 934 044
🌐 **ceramicaterracuita.com**
Das Atelier präsentiert handgefertigte Töpferwaren in feinster Qualität und allen nur denkbaren Farbkombinationen. Ob Vasen, Schalen, Teller oder Fliesen: Jedes einzelne Stück ist ein Unikat.

SANTA MARIA DEL CAMÍ:
Artesanía Textil Bujosa   €€€
Stoffe   🅰 E5
Carrer Bernat de Santa Eugènia 53, 07320
📞 +34 971 620 054   🕒 Sa, So
🌐 **bujosatextil.com**
Echte Handwerkskunst: Neben traditionellen mallorquinischen *robes de llengües* (»Feuerzungenstoffen«) werden in der Manufaktur auch Seiden-,

Leinen- und Baumwollstoffe in vielfältigen Farbvariationen und Designs produziert. Zum Sortiment gehören auch Bett- und Tischwäsche, Vorhänge und Kissenbezüge.

SÓLLER: Fet a Sóller   €€
Delikatessen   🅰 E3
Plaça des Mercat, 07460
📞 +34 971 638 839
🌐 **fetasoller.com**
Der katalanische Begriff für »made in Sóller« ist Programm. Hier gibt es Produkte aus der Region – von Granatapfelsirup, Feigenkonfitüre und Olivenöl über *flor de sal* und *turrón* bis zu Weinen, Spirituosen und Wurstspezialitäten.

Unterhaltung

Hotspots des Nachtlebens sind in den meisten Orten der Serra de Tramuntana die Bars und Clubs in den größeren Hotels. Diese Locations stehen auch Nicht-Gästen offen. Ein besonderer Spaß ist eine Fahrt mit der nostalgischen Tram von Sóller nach Port de Sóller (und zurück).

Tram, Sóller – Port de Sóller

CAMP DE MAR: Atrium Bar   €€€
Cocktailbar   🅰 B6
Carrer Taula, 07160
📞 +34 971 136 565
Die Cocktailbar im Steigenberger Hotel & Resort gehört zu den aufregendsten der Insel. Der Barkeeper zeigt seine Mixkunst bei Cocktails und Longdrinks von Singapore Sling bis Wodka Martini – vor dem Essen oder danach. Hier finden Sie garantiert »Ihren« persönlichen Urlaubsdrink. Nehmen Sie Platz an der langen Theke oder in einem der tiefen Sessel.

PORT DE SÓLLER:
Sunset Lounge   €€€
Cocktailbar   🅰 E3
Carrer Belgica s/n, 07108
📞 +34 971 637 886
Von der Terrasse der Lounge im Jumeirah Port Sóller Hotel & Spa genießt man nicht nur einen spektakulären Blick auf das Meer, den historischen Hafen Port Sóller und die Serra de Tramuntana! Neben dem Ausblick bietet die Sunset Lounge auch erstklassiges Sushi, das frisch vor den Augen der Gäste zubereitet wird.

SÓLLER: Tranvía de Sóller   €
Trambahnfahrt   🅰 E3
Plaça d'Espanya 6, 07100
📞 +34 971 630 130
🌐 **trendesoller.com**
Ein Highlight für Besucher der Serra ist die Fahrt mit der Straßenbahn von Sóller nach Port de Sóller an der Küste *(siehe S. 125)*.

🅰 Siehe Extrakarte zum Herausnehmen   **135**

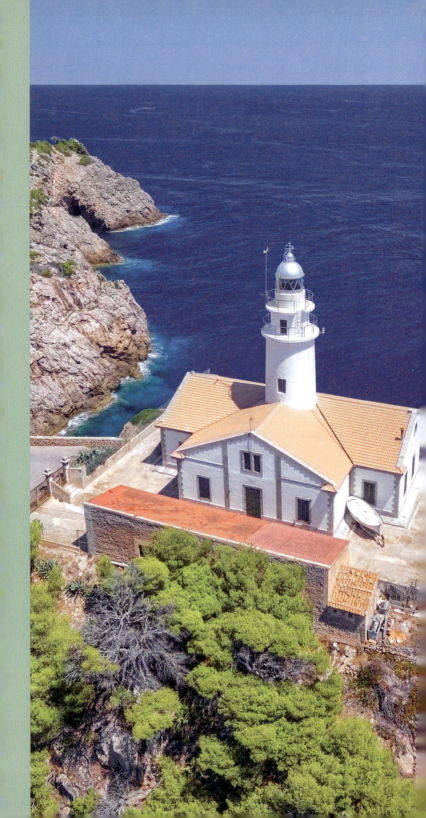

Nordosten

Der Nordosten gehört zu den malerischsten Regionen der Insel – mit grandiosen Naturschätzen, etwa im Parc Natural de s'Albufera, und mit den spektakulärsten Schauhöhlen Mallorcas.

Während die Küste mit einigen der schönsten (und populärsten) Strände sowie wundervollen Hafenorten aufwartet, zeugen im Hinterland alte Windmühlen und Weingüter von der traditionell großen Bedeutung der Landwirtschaft. Shopping-Fans zieht es in die traditionsreichen Hochburgen der Produktion von Lederwaren und Kunstperlen.

Einige Wochenmärkte im Nordosten – vor allem in Sineu und Inca – zählen zu den buntesten der Insel, auch weil sie sehr authentisch wirken.

In Städten wie Artà und Alcúdia mit ihren alten Bauwerken und geschlossenen Zentren weht der Hauch der Geschichte.

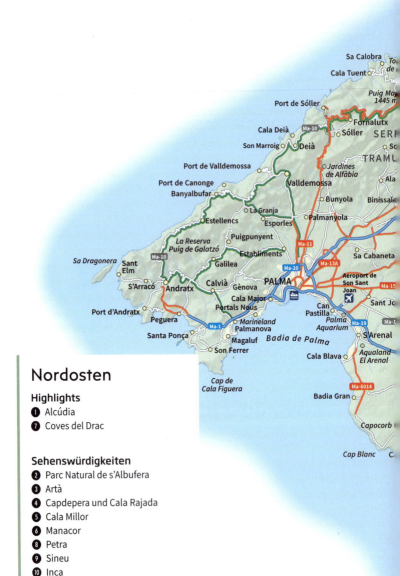

Nordosten

Highlights
- ❶ Alcúdia
- ❼ Coves del Drac

Sehenswürdigkeiten
- ❷ Parc Natural de s'Albufera
- ❸ Artà
- ❹ Capdepera und Cala Rajada
- ❺ Cala Millor
- ❻ Manacor
- ❽ Petra
- ❾ Sineu
- ❿ Inca
- ⓫ Muro
- ⓬ Can Picafort

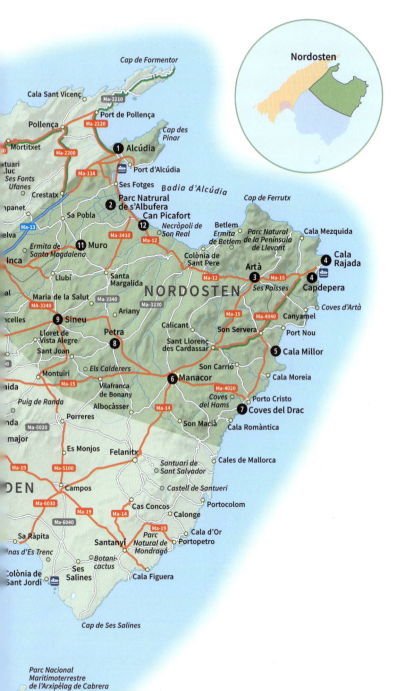

Persönliche Favoriten

Der Nordosten Mallorcas ist eine Region der Weite, der Vielfalt und der Inspiration. Abenteuerlustige erleben die Insel aus anderen Sphären – ob aus der Luft oder unter Wasser. Neben Aktivurlaub stehen auch Kultur und Genuss im Vordergrund.

IB Ballooning

Die unvergleichliche Schönheit Mallorcas erlebt man bei einer Ballonfahrt aus luftiger Höhe und faszinierender Perspektive.

An Bord eines Heißluftballons sanft über die Trauminsel zu gleiten, ist sicher für jeden Teilnehmer ein unvergessliches Erlebnis. Das renommierte Luftfahrtunternehmen IB Ballooning bietet diese einzigartige Erfahrung für Paare oder Gruppen an. Das im wahrsten Sinn erhebende Gefühl, über Mallorca zu schweben, wird an Bord mit einer Flasche Champagner entsprechend gefeiert. Die Gläser klingen bei Erreichen einer Fahrthöhe von 500 Metern.

Ballonfahrten werden das ganze Jahr über angeboten und dauern mindestens eine Stunde, gestartet wird je nach Jahreszeit vormittags (7–9 Uhr) sowie nachmittags bzw. am frühen Abend (16–20 Uhr). Der Blick aus dem Ballonkorb ist überwältigend, man sieht auch entlegene Abschnitte der Insel, die auf dem Landweg nicht erreichbar sind. In der Ferne erkennt man sogar die Nachbarinsel Menorca. Die Piloten geben darüber

Im Heißluftballon über Mallorca schweben

hinaus Informationen zu den im Blickfeld gelegenen Dörfern oder Bergen sowie zu Technik und Funktionsweise des Heißluftballons.

IB Ballooning
⚠ M4 🏠 Apartado de Correos 64, Cala Rajada
📞 +34 607 647 647
🌐 ballooningmallorca.net

Mero Diving

Den Zauber von Mallorcas Unterwasserwelt erlebt man am besten beim Tauchen.

Die renommierte Tauchbasis an der Cala Lliteras bietet Kurse in allen Bereichen – vom Schnorcheln über diverse Standard- und Spezial-Tauchgänge (z. B. zu einem Riff, einer Grotte oder einem U-Boot) bis zum rasanten Scooter-Diving. Das benötigte Equipment kann ausgeliehen werden, auch Video-Ausrüstung für spektakuläre Unterwasseraufnahmen wird gestellt. Beliebt bei Anfängern ist das Schnuppertauchen. Im Beach Club nebenan gibt es Getränke und Snacks.

Unterwegs mit einem Unterwasser-Scooter

Mero Diving
⚠ M4 🏠 Carrer de Na Lliteras s/n, Cala Rajada
📞 +34 689 448 308 🕐 Mai–Okt: tägl. 9–17
🌐 mero-diving.com

Finca-Hotel La Reserva Rotana

Das Finca-Hotel der Extraklasse ist eine Oase des guten Geschmacks für Anspruchsvolle. Nicht nur Golfer und Weinliebhaber verbringen hier unvergessliche Tage.

Das charmante, mit viel Liebe zum Detail restaurierte Haus aus dem 17. Jahrhundert steht mitten in der Natur auf einem rund 200 Hektar großen, bewirtschafteten Landgut mit Weinbergen, Waldgebieten, Getreidefeldern und Schafweiden. Das Finca-Hotel ist ein wahres Juwel, dessen exklusiven Stil Stuckarbeiten, Kunstwerke und Antiquitäten prägen.

Auch Aktivurlauber kommen auf ihre Kosten: Zum Anwesen gehören ein Neun-Loch-Golfplatz (Rotana Greens; Unterricht für alle Niveaus), ein Tennisplatz, ein großer Pool und ein Fitness-Center. Nach der sportlichen Aktivität entspannt man sich in der Sauna. Das Spitzenrestaurant Sa Rotana bietet raffiniert zubereitete mediterrane Gerichte, die Produkte stammen aus eigener Landwirtschaft oder frisch vom Markt. Die auf den Weinbergen der Umgebung reifenden Trauben sind Basis für eine Reihe edler Tropfen. Bestens besucht sind die Barbecue-Abende mit Live-Jazz an der Safari Bar.

Hotel La Reserva Rotana
🅰 K6 🏠 Camí de Bendris 3, Manacor
📞 +34 971 845 685 🆆 reservarotana.com

Idyllische Restaurantterrasse des Hotels La Reserva Rotana in Manacor

Son Bauló – ein Ort für Kreativurlauber

Die Magie der Kultur-Finca mit Gästezimmern liegt in ihrer Vielfalt. Das in seiner Art einmalige Anwesen war schon Kulisse für Filmproduktionen und Werbespots.

Gärten mit blühenden Sträuchern, Palmen, Feigen- und Mandelbäumen sowie Terrassen und Patio schaffen den äußeren Rahmen. Bibliothek, Kaminhalle und Werke von Malern, Bildhauern und Fotokünstlern prägen das Interieur. Sportliche widmen sich hier z. B. Tennis, Boule und Tischtennis, Entspannung findet man in Pool und Spa. Das Restaurant bietet mediterrane Küche.

Im Fokus vieler Gäste steht aber das reiche kulturelle Programm von Son Bauló. Es umfasst u. a. Konzerte und Lesungen sowie einen Reigen an diversen Workshops und Seminaren (von Bronzegießen über Fotografie, Spanisch- und Kochkurse bis zu Weinproben). Außerdem ist Son Bauló der ideale Standort für Radtouren auf Mallorca.

Son Bauló
🅰 G5 🏠 Camí de Son Bauló 1, Lloret de Vistalegre
📞 +34 971 524 206 🆆 son-baulo.lloret-de-vistalegre.hotels-in-mallorca.net

Alcúdia

 J2 🏙 20 000 🚌 🚐 ℹ️ Passeig Marítim s/n,
+34 971 549 022 📅 Di, So 🌐 alcudiamallorca.com

Der sehr gut erhaltenen Stadtmauer sei Dank: Nirgendwo auf Mallorca findet man ein derart geschlossenes Stadtbild wie in Alcúdia. Beim Anblick der prachtvollen Stadtresidenzen in der Altstadt spürt man noch etwas vom Glanz des Goldenen Zeitalters Spaniens (16./17. Jh.). Die beiden Wochenmärkte sind Attraktionen. Port d'Alcúdia verströmt klassisches Hafenflair. Die Badia d'Alcúdia zählt zu den beliebtesten mallorquinischen Reisezielen für Sonnenhungrige.

Römische Fundamente: Blick über das Theater

① Römische Fundamente

Was für ein verheißungsvoller Auftakt für eine Besichtigung: Bei der Anfahrt nach Alcúdia passiert man – quasi als historische Einstimmung – ein Ausgrabungsgelände mit Relikten der römischen Siedlung Pollentia (nicht zu verwechseln mit der Stadt Pollença). Das Amphitheater aus dem 1. Jahrtausend birgt noch Reste der Bühne und Sitzreihen.

② Museu Monogràfic

🏛 Carrer de Sant Jaume 30
📞 +34 971 547 004
🕐 Sommer: Di–Sa 9:30–20:30, So 10–14; Winter: Di–Sa 9:30–15 🌐 alcudia.net/Pollentia/es/el-museu

In dem archäologischen Museum wird die bis zum 5. Jahrhundert dauernde römische Periode lebendig. Die Sammlung präsentiert u. a. Statuen, Haushaltsgegenstände (z. B. Gefäße), Münzen und Schmuck aus der römischen Siedlung Pollentia.

③ Stadtmauer

Sechs Meter hoch und etwa 1,5 Kilometer lang: Die schon von Weitem sichtbare Stadtmauer (13./14. Jh.) mit ihren wuchtigen Toren (Porta del Moll, Porta de Sant Sebastià) wird schon vor Jahrhunderten jeden Eroberer beeindruckt haben – auch wenn Piraten die Stadt wiederholt plünderten. Der Mauerring ist auf einer Länge von etwa 500 Metern begehbar, die

Aussicht über die Stadt und ihre Umgebung ist traumhaft. Vor allem bei tief stehender Sonne ist der Spaziergang ein Erlebnis.

④ Església de Sant Jaume

🏛 Plaça Jaume Ques

Die in die Stadtmauer integrierte Pfarrkirche dominiert die Silhouette von Alcúdia. Das Gotteshaus stammt im Wesentlichen aus dem 19. Jahrhundert, errichtet wurde es an der Stelle eines eingestürzten Vorgängerbaus. Zu den Schmuckstücken des Innenraums zählt der neogotische Altar mit Reliefs biblischer Szenen. Eine prunkvolle Seitenkapelle stammt aus dem Barock.

⑤ Biblioteca Can Torró

🏛 Carrer Serra 15 📞 +34 971 547 311 🕐 Di–Fr 10–14, 16–20 (Juli, Aug: 10–14, 17–21), Sa, So 10–14 🌐 cantorro.es

Die 1990 in einer Stadtresidenz eingerichtete Bibliothek gehört zu den modernsten der Balearen. Sie versteht

Felsiger Abschnitt der Badia d'Alcúdia

Professionell gestaltete Sandburg in Port d'Alcúdia

Stände vor der Porta del Moll

sich nicht als Büchertempel, sondern als Begegnungs- und Multimediastätte mit interaktiven Stationen. Gelegentlich gibt es auch Ausstellungen und Konzerte.

Umgebung: Der zwei Kilometer südlich von Alcúdia gelegene Ferienort Port d'Alcúdia überzeugt trotz des starken Fremdenverkehrs immer noch mit schöner Hafenatmosphäre (Fährverkehr mit Menorca und Barcelona).

Zwischen vielen Fast-Food-Lokalen findet man exzellente Seafood-Restaurants.

Das Museu Sa Bassa Blanca (msbb), fünf Kilometer östlich von Alcúdia, zeigt eine Sammlung zeitgenössischer Kunst. Im Skulpturenpark entdeckt man Werke des berühmten Mallorquiners Miquel Barceló, der Rosengarten ist prachtvoll (www.msbb.org).

Die Badia d'Alcúdia lockt mit ausgedehnten Stränden

(u. a. Platja d'Alcúdia, Platja de Muro; *siehe S. 22f*). Die längste zusammenhängende Sandfläche auf Mallorca bietet alles für einen perfekten Strandaufenthalt. Wegen des seichten Wassers kommen viele Familien mit kleineren Kindern hierher, für Wassersportler bieten sich jede Menge Optionen, und auch Wellness-Angebote sind vorhanden.

Schon gewusst?

Phönizier, Griechen, Römer und Araber – alle hinterließen in Alcúdia kulturelle Spuren.

Zentrum von Alcúdia

① Römische Fundamente
② Museu Monogràfic
③ Stadtmauer
④ Església de Sant Jaume
⑤ Biblioteca Can Torró

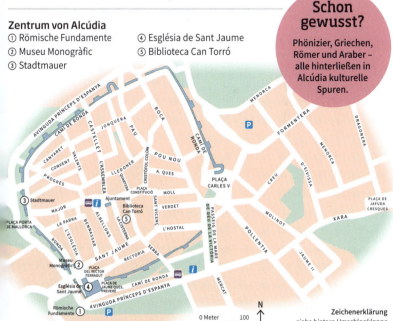

Zinnen der arabischen Festung in Artà

Schon gewusst?

Höhepunkt der Führung durch die Coves d'Artà ist die spektakuläre Light-and-Sound-Show.

SEHENSWÜRDIGKEITEN

❷ Parc Natural de s'Albufera

🅐 HJ2–3 ⓘ Sa Roca, +34 971 892 250 🆆 mallorca-majorca.de/naturpark-la-albufera.php

In dem Vogelparadies, dem größten und artenreichsten Feuchtgebiet der Balearen, leben über 200 Arten. Von Wegen und Aussichtsposten sieht man u. a. Reiher- und Greifvogelarten. In der Sonne leuchtet das rosafarbene Gefieder der Flamingos. Am Besucherzentrum Sa Roca gibt es Karten und Infomaterial.

❸ Artà

🅐 L4 🔺 7800 ⓘ Carrer Estel 4, +34 971 829 778 🆆 artamallorca.travel

Der markante Burghügel prägt die Silhouette von Artà. Die Festung aus arabischer Zeit wird von der barocken Wallfahrtskirche Sant Salvador dominiert, die Gemälde mit historischen Szenen birgt.
In Artà wird das mallorquinische Kunsthandwerk der Korbflechterei gepflegt. Beispiele findet man im Museum ArtArtà (www.artarta.es). Das

Museu Regional präsentiert u. a. archäologische Funde.
Einen Kilometer südlich liegen die Ruinen der Talayot-Siedlung Ses Païsses.

❹ Capdepera und Cala Rajada

🅐 M4 🔺 12 000 (Capdepera), 6500 (Cala Rajada) ⓘ Carrer Ciutat 20, Capdepera, +34 971 563 502 🆆 ajcapdepera.net

Capdeperas Kastell zählt zu den besterhaltenen mittelalterlichen Festungen der Insel (www.capdeperacastell. com). **Sa Torre Cega**, einst Residenz von Juan March *(siehe S. 92)*, kann besichtigt werden.

Unterhalb Capdeperas liegt der Ferienort Cala Rajada mit Jachthafen und Sandstränden. Eine zwei Kilometer lange Straße führt zum Cap de Capdepera mit gleichnamigem Leuchtturm.

Sa Torre Cega

🚲 🚶 🅐 Carrer Juan March 2, Capdepera 📞 +34 971 711 122 🕐 siehe Website 🆆 fundacionbmarch.es

Umgebung: Die **Coves d'Artà**, sechs Kilometer südlich von Capdepera, gelten als Naturwunder.

Coves d'Artà

🚲 🚶 🅐 Canyamel, Capdepera 📞 +34 971 841 293 🕐 Mai – Okt: tägl. 10 –18; Nov – Apr: tägl. 10 –17 🆆 cuevasdearta.com

Nostra Senyora de l'Esperança: Kirche in Capdeperas Festung

Naturschutzgebiete

Mallorcas Topografie ist überaus vielfältig: Gebirge, Ebenen, Küsten und andere Landschaften bilden ein Kaleidoskop an Lebensräumen mit einer bunten Fauna und Flora. Die reichen Naturschätze der Insel stehen in einem Nationalpark und einer Reihe von Naturparks unter Schutz. Begeben Sie sich auf spannende Entdeckungstouren.

Naturschutzgebiete

Parc Nacional de Cabrera
🅰 CD9–10 ℹ Carrer G. Roca s/n, Colònia de Sant Jordi, +34 971 177 641

Parc Natural de s'Albufera
siehe S. 144

Parc Natural de Llevant
🅰 L4 ℹ Plaça de l'Ajuntament, Artà, +34 971 829 246

Parc Natural de Mondragó
🅰 J9 ℹ Parkplatz oberhalb Cala Mondragó, +34 971 181 022

Parc Natural Sa Dragonera
🅰 A6 ℹ am Hafen, +34 971 180 632

Informationen über alle Naturschutzgebiete der Balearen auf einen Blick finden Sie auf der Website des Institut Balear de la Natura (IBANAT)
🆆 de.balearsnatura.com

Parc Nacional Maritimoterrestre de l'Arxipèlag de Cabrera
Der Nationalpark umfasst einige felsige Inseln mit noch weitgehend ursprünglich erhaltenen Landschaften *(siehe S. 170f)*.

Parc Natural de la Península de Llevant
Zwergpalmen prägen weite Teile des Naturparks.

Parc Natural de Mondragó
Dichte Kiefernwälder, Lagunen, Dünen und lang gestreckte Strände bieten ein buntes Mosaik an Lebensräumen für eine artenreiche Tier- und Pflanzenwelt.

Parc Natural Sa Dragonera
Die Dracheninsel *(siehe S. 113)* vor der Westspitze Mallorcas bevölkern Hunderttausende Dragonera-Eidechsen (»Mini-Drachen«). Der Naturpark ist außerdem ein artenreiches Vogelschutzgebiet.

Parc Natural de s'Albufera
Das mit einer Fläche von mehr als 90 000 Hektar größte Feuchtgebiet auf den Balearen ist ein geradezu idealer Standort für Vogelbeobachtungen *(siehe S. 144)*.

Traumstand von Cala Millor mit türkisfarbenem Wasser

❺ Cala Millor

🅰 L6 🗺 6000 ℹ Plaça Eureka, +34 971 585 864 🆆 visitcalamillor.com

Cala Millor gehört zu den beliebtesten Ferienorten an Mallorcas Ostküste. Wie die Nachbarorte Cala Bona im Norden und Sa Coma im Süden verfügt es über einige sehr schöne Strände und Promenaden. Mit vielen Cafés, Bars, Restaurants und Clubs bietet der Ort zu allen Tageszeiten reichlich Unterhaltung.

Umgebung: Fünf Kilometer nordwestlich liegt Son Servera mit Freitagsmarkt und der archäologischen Fundstätte Font des Molins de Son Sard.

❻ Manacor

🅰 JK6 🗺 44 000 ℹ Plaça del Convent 3, +34 662 350 891 🆆 visitmanacor.com

Autofahrer aus Richtung Palma werden schon einige Kilometer vor Manacor durch riesige Plakatwände auf den größten »Schatz« der Stadt aufmerksam gemacht: Kunstperlen. Bei einer Führung durch die seit 1890 betriebene Fabrik von **Perlas Majorica** und das angegliederte Museum werden die einzelnen Schritte bei der Produktion von Halsketten, Armbändern, Ringen, Ohrringen, Anhängern oder Manschettenknöpfen erläutert. Im Shop gibt es die Schmuckstücke zu kaufen.

Berühmt ist Manacor auch für einige Delikatessen, etwa die scharfe Wurst *sobrasada de cerdo negro* und die *suspiros* genannten Süßigkeiten.

Eine besondere kulturhistorische Attraktion ist die Kirche Nostra Senyora dels Dolors (19. Jh.), die an der Stelle einer Moschee erbaut wurde. Ihr hoher, minarettähnlicher Glockenturm ist ein Wahrzeichen der Stadt.

Weit mehr als ein historisches Museum ist das Museu d'Història de Manacor (www. museudemanacor.com). Von Münzen über Mosaiken bis Miniaturmöbel – dieser Streifzug durch die mallorquinische Geschichte hinterlässt tiefen Eindruck. Allein schon die Unterbringung in einem alten Wehrturm (Torre dels Enagistes) hat Stil. Interessieren Sie sich für Katalanisch? Dann sollten Sie das nach dem Verfasser eines Wörterbuchs benannte Institució Pública Antoni M. Alcover (www.institucioalcover.org) besuchen.

Übrigens: Der Name von Manacor erschließt sich aus dem Stadtwappen, in dem eine Hand ein Herz umfasst (*man-a-cor*: Hand am Herz).

Perlas Majorica
♿♿🏛 🏠 Via Palma 9 📞 +34 971 550 900 🕐 tägl. 9:30 –17 (Juni – Sep: bis 19, Okt: bis 18) 🆆 majorica.com

---

Kunstperlen aus Mallorca

Künstliche Perlen aus der Fabrik des Schmuck und Modeunternehmens Majorica sind auf der ganzen Welt begehrt. Der Hauptsitz der Firma liegt in Barcelona, der wichtigste Produktionsstandort ist jedoch Manacor, wo Perlas Majorica die berühmten Kunstperlen erzeugt. Die Handwerkskunst besteht darin, Form und Aussehen echter Perlmuttperlen durch andere Meeressubstanzen wie Muschelsand oder Fischschuppen nachzuahmen. Die Zugabe farbiger Minerale ermöglicht vielfältige Tönungen und Farbschattierungen. Für Laien sind Natur- und Imitationsperlen in der Regel kaum zu unterscheiden, wie man in den Präsentationsräumen von Perlas Majorica erleben kann. Ein weiterer Produzent von Kunstperlen auf Mallorca ist Perlas Orquidea in Montuïri.

Coves del Drac

Magie der Unterwelt: Die gewaltigen Drachenhöhlen zählen zu den größten Naturschätzen Mallorcas. Beim Anblick der filigranen, wirkungsvoll beleuchteten Stalagmiten und Stalaktiten ist die Stimmung fast andächtig. Musiker auf Booten sorgen für ein einmaliges Konzerterlebnis. Ebenfalls faszinierend, wenn auch eine Nummer kleiner, sind die nahe gelegenen Coves del Hams (www.cuevas-hams.com).

Coves del Drac

🅰 L7 🏠 Carretera Coves s/n, Porto Cristo
📞 +34 971 820 753
⊗ Mitte März–Okt: tägl. 10, 11, 12, 14, 15, 16, 17; Nov–Mitte März: tägl. 10:30, 12, 14, 15:30
🕐 1. Jan, 25. Dez
ⓦ cuevasdeldrach.com

Illuminiertes Gewölbe
Prachtvolle Beleuchtung setzt die Kulisse in Szene.

Figur am Eingang
Diese drachenförmige Figur bewacht das rund 1200 Meter lange Höhlensystem.

Stalaktiten
Ein Motiv wie aus dem Märchenbuch: Fragil wie Eiszapfen wirken die von der Decke herabhängenden Stalaktiten.

Llac (Lago) Martel
Die Höhle birgt einen der größten unterirdischen Seen der Welt (177 m lang, 40 m breit). Eine Bootsfahrt ist ein unvergessliches Erlebnis. Benannt ist der See nach dem Höhlenforscher, der ihn 1896 entdeckte.

Schon gewusst?
1339 durchsuchten Soldaten die Drachenhöhle nach dem verschwundenen Schatz der Templer.

Sonnenaufgang an der Küste vor Alcúdia (siehe S. 142f)

Sineu mit der hoch aufragenden Pfarrkirche Nostra Senyora dels Ángels

8 Petra

 J5 🏘 3000 ℹ️ Carrer Font 1, +34 971 830 000 🌐 visitpetramallorca.com

Im Geburtsort von Junípero Serra scheint der berühmte Missionar noch allgegenwärtig zu sein. Fliesenbilder, ein Denkmal und das **Museu i Casa Natal Fray Junípero Serra** erinnern an den Missionar. Zu den interessantesten Objekten gehören Holzmodelle seiner neun kalifornischen Missionsstationen.

Petra ist ein beschaulicher Ort, den viele Radfahrer als Etappenziel nutzen.

Markt in Sineu

Museu i Casa Natal Fray Junípero Serra
🏠 Carrer Barracar Alt 6–8 📞 +34 971 561 149 🕐 nur nach Vereinbarung

9 Sineu

H5 🏘 3800 ℹ️ Carrer Sant Francesc 10, +34 971 520 027 🌐 ajsineu.net

Sineu gehört zu den interessantesten Städtchen der Zentralebene (Es Pla). Der Ort war wegen seiner Lage zeitweise Königsresidenz. Der vor allem von Einheimischen besuchte Mittwochsmarkt gehört zu den authentischsten der Insel. Vor der großen Kirche Nostra Senyora dels Ángels (13. Jh.) mit Glockenturm steht die Statue eines geflügelten Löwen – ein beliebtes Fotomotiv. Ein Erlebnis ist die Festa del Much *(siehe S. 155)* zu Ehren der Fantasiefigur.

10 Inca

G4 🏘 30 000 ℹ️ Plaça d'Espanya 1, +34 871 914 000 🌐 incaciutat.com

In Mallorcas »Lederstadt« Inca findet man in vielen Boutiquen Lederwaren wie Schuhe, Jacken und Taschen. Zudem gibt es ein Outlet des Produzenten Camper und ein Schuhmuseum (Avinguda General Luque 223, www.museu.incaciutat.com). Legen Sie Ihren Besuch am besten auf Donnerstag, der Wochenmarkt ist ein Besuchermagnet. Noch spektakulärer ist Dijous Bo *(siehe S. 63)*, angeblich der größte Markt der Insel.

Bekannt ist Inca auch für die vielen Restaurants in ehemaligen Weinkellern.

Umgebung: Sieben Kilometer südwestlich liegt Binissalem, Zentrum von Mallorcas bekanntester Weinregion.

Junípero Serra

Junípero Serra (1713–1784) kam in Petra zur Welt und spielte eine wichtige Rolle in der Geschichte der spanischen Kolonisierung Nordamerikas. 1749 ging er als Missionar nach Mexiko und weiter nach Kalifornien, wo er neun Missionen gründete. Einige davon entwickelten sich zu Städten, darunter Los Angeles und San Francisco. Serra starb 1784. Im Jahr 1988 wurde er seliggesprochen, die Heiligsprechung erfolgte 2015.

Wein und Weingüter

Mallorca ist eine Weinregion, jährlich werden rund 37 000 Hektoliter produziert. Einen hervorragenden Ruf genießen die herkunftsgeschützten Weine *(denominació de origen)* der beiden wichtigsten Anbaugebieten Binissalem und Pla i Llevant. Bekanntester unter den mallorquinischen Tropfen ist Ànima Negra. Lange führte Mallorca unter Weinkennern ein Schattendasein. Doch seit den 1990ern kommen Urlauber speziell wegen der florierenden Weinszene. Die Infrastruktur ist bestens ausgebaut: Viele Weingüter stehen Besuchern offen, das Angebot an Touren ist groß (www.mallorcawinetours.com).

Anbaugebiete und Rebsorten

Die beiden herausragenden Weingebiete sind die Region um Binissalem sowie Pla i Llevant im Norden und Osten der Insel. Unter den roten Rebsorten dominieren Manto Negro, Callet und Fogoneu, bei den weißen Moll (Prensal Blanc).

Weingüter (Auswahl)

Ànima Negra 🗓️ 🍷 🅿️
🄰 J7 🏠 3a Volta 18, Felanitx 🆆 annegra.com

Finca Son Bordils 🗓️ 🍷 🅿️
🄰 G4 🏠 Carretera Inca–Sineu, km 4
🆆 sonbordils.es

José L. Ferrer 🗓️ 🅿️
🄰 F5 🏠 Carrer Conquistador 103, Binissalem
🆆 vinosferrer.com

Macià Batle 🗓️ 🍷 🅿️
🄰 E5 🏠 Camí Coanegra s/n, Santa Maria del Camí
🆆 maciabatle.com

Vins Nadal 🗓️ 🍷 🅿️
🄰 F5 🏠 Carrer Ramón Llull 2, Binissalem
🆆 vinsnadal.es

Tianna Negre 🗓️ 🍷 🅿️
🄰 F5 🏠 Cami des Mitjans, Binissalem
🆆 tiannanegre.com

Weingüter

Größter Weinhersteller auf Mallorca ist die seit 1931 betriebene Bodega José L. Ferrer *(links oben)*. Auch Vins Nadal *(oben)* und Macià Batle *(links)* sind bedeutende Erzeuger. Bei Führungen durch Weingüter werden die Produktionsschritte erläutert, auch Verkostungen gehören zum Programm. In Shops kann man die Tropfen erwerben.

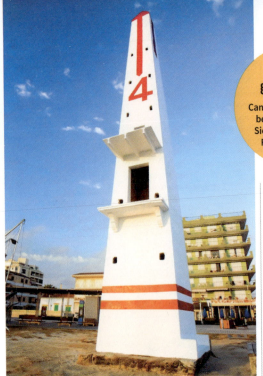

Orientierungs- und Treffpunkt: Obelisk am Strand von Can Picafort

Der Ferienort an der Badia d'Alcúdia *(siehe S. 142f)* ist ideal für Urlauber, die es bequem haben wollen. Der längste Sandstrand Mallorcas *(siehe S. 22f)* bietet alles für unbeschwerte Badeferien. An der Strandpromenade reiht sich ein Lokal ans andere.

Umgebung: Abwechslung vom Strandleben bietet eine Wanderung zur Punta des Fenicis. An dieser zwei Kilometer südöstlich von Can Picafort gelegenen Landspitze befindet sich die Necròpoli de Son Real. Diese prähistorische Totenstadt mit mehr als 100 Grabstätten in unterschiedlichsten Formen wurde ab dem 7. Jahrhundert v. Chr. als Bestattungsort genutzt. Sie zählt wie Capocorb Vell *(siehe S. 163)* und Ses Païsses *(siehe S. 144)* zu den besterhaltenen Stätten der Talayot-Kultur auf Mallorca.

Auch auf der vorgelagerten Insel S'Illot des Porros befindet sich ein Gräberfeld jener Epoche.

⓫ Muro

🅰 H4 🗺 7000 ℹ Avinguda s'Albufera 33 , +34 971 891 013 🌐 ajmuro.net

Landbesitzer bauten sich hier einst Herrenhäuser, eines birgt ein kunsthistorisches Juwel: Das **Museu Etnològic de Muro** zählt zu den spannendsten Kulturstätten der Insel. Hier erlebt man mallorquinische Geschichte hautnah. Zu sehen sind Möbel, Trachten und diverse Werkstätten. Das Museum zeigt zudem eine Sammlung der berühmten *Siurell*-Tonpfeifen.

Blickfang und prägend für die Silhouette von Muro ist die Kirche Sant Joan (16. Jh.) mit farbenprächtigen Bleiglasfenstern und einer schönen Fensterrose.

Museu Etnològic de Muro
🏠 Carrer Major 5 📞 +34 971 860 647 🕐 Mo–Sa 10–15 (Do auch 17–20), So 10–14

Umgebung: Fünf Kilometer nordwestlich liegt Sa Pobla. In der Residenz Can Planes zeigt das Museu d'Art Contemporani moderne Kunst.

⓬ Can Picafort

🅰 J3 🗺 7000 ℹ Plaça Jaume I, +34 971 850 758 🌐 canpicafort.es

Necròpoli de Son Real – alte Begräbnisstätte bei Can Picafort

Windmühlen

Don Quijote und Sancho Panza waren zwar nicht auf Mallorca unterwegs – man könnte sich die beiden Romanfiguren aber durchaus zwischen all den Windmühlen vorstellen. Noch heute gibt es auf Mallorca über 3000 Mühlen (spanisch: *molinos*; katalanisch: *molís*) unterschiedlicher Konstruktion. Die Flügel der Getreidemühlen knarren allerdings nicht mehr, nur einige als Wasserpumpen genutzte sind noch in Betrieb. Viele Mühlen überließ man dem Verfall, andere wurden restauriert und beherbergen nun Lokale oder Museen.

Restaurierte Mühlen (Auswahl)

Es Molí d'en Pau ⓣ
🅰 H5 🏠 Carrer de Santa Margalida 25, Sineu
🆆 molidenpau.es

Molí d'en Nofre ⊛ ⓕ
🅰 G6 🏠 Mühlenviertel Es Molinar, Montuïri
🆆 turismemontuiri.com/visita-guiada

Molí des Torrent ⓣ
🅰 E5 🏠 Carretera de Bunyola 75, Santa Maria del Camí
🆆 molidestorrent.de

Sa Farinera ⓣ
🅰 E6–7 🏠 Camino Son Fangos s/n, Can Pastilla,
🆆 safarinera.com

Pumpmühlen in der Zentralebene Es Pla: Metallkonstruktionen mit Blechflügeln und Windfahne

Getreidemühle

Auch wenn die meisten Mühlen ihre ursprüngliche Funktion verloren haben, sind sie weiterhin kulturhistorische Dokumente. Mallorquinische Getreidemühlen erkennt man noch heute an den hölzernen Flügeln und der spitzen Haube.

Pumpmühle

Die Gittermastkonstruktionen fördern Grundwasser aus mehr als 30 Meter Tiefe an die Oberfläche, um dort ausgedehnte Felder zu bewässern.

Moderne Windmühlen

In Teilen der Insel wird heute die Windenergie zur Stromerzeugung genutzt.

153

Restaurants

Abends auf der Terrasse eines Restaurants bei gedämpftem Licht, mit einem Glas Wein in der Hand und zum Zirpen der Grillen den Blick aufs Meer genießen – was kann es Schöneres geben. Doch auch abseits der Küstenorte bietet der Nordosten Mallorcas viele stimmungsvolle Plätze für besondere kulinarische Genüsse in wundervollem Ambiente.

La Reserva Rotana – Urlaubsgefühl pur

CALA RAJADA: Del Mar €€
Schweizer.-mediterran M4
Avinguda América 31, 07590
+34 680 133 381 Mo
mallorca-delmar.com
Eine wunderbare Mischung zweier kulinarischer Welten: Neben Köstlichkeiten der Mittelmeerküche gibt es auch typische Schweizer Gerichte. Spezialität des Hauses ist die Fischplatte mit fünf verschiedenen Fischen.

CANYAMEL: Voro €€€
Seafood M5
Urbanización Atalaya de Canyamel, Vial A, 12, 07589
+34 871 811 222
capvermellgrandhotel.com

Das mit zwei Michelin-Sternen ausgezeichnete Spitzenrestaurant des Cap Vermell Grand Hotels verwöhnt mit zwei kreativen Degustationsmenüs und rund 300 edlen Tropfen aus aller Welt.

MANACOR:
Sa Rotana €€
Mediterran JK6
Camí de Bendris, km 3, 07500
+34 971 845 685
reservarotana.com
Die Auswahl raffiniert zubereiteter mediterraner Speisen ist groß: u. a. in Whisky gebeizter Lachs, Jakobsmuscheln mit Litschis oder Steinbutt mit Gemüsefächer. Mitte Juni bis

Mitte September gibt es dienstags ein Grill-Büfett im Freien mit Livemusik.

ARTÀ: Finca Es Serral €
Mallorquinisch L4
Camí Cala Torta, km 0,5, 07570
+34 971 835 336 Mo
fincaesserral.com
Das Restaurant der Finca bietet einen gelungenen Querschnitt durch die Inselküche, auch Tapas und vegetarische Menüs. Viele Zutaten stammen aus biologischem Anbau der Finca.

PORT VERD:
Port Verd del Mar €€
Europäisch L5
Ronda del Sol Ixent 23, 07559
+34 871 949 193
portverd-delmar.com
Die exklusive Location mit Traumterrasse liegt in einem der nobelsten Orte von Mallorcas Ostküste. Genießen Sie im offenen Pavillon zu Spitzengastronomie die grandiose Aussicht aufs blaue Meer. Eine Steintreppe führt zum Wasser, für Gäste stehen dort Liegen (und Digestifs) bereit.

LLUBÍ: DaiCa €€€
Mallorquinisch H4
Carrer Nou 8, 07430
+34 686 001 604 So
daica.es
Der Patio ist ein Idyll – kaum ein anderer Ort der Insel lädt derart zum Genießen ein. Geboten wird Spitzenküche zu akzeptablen Preisen in wahrhaft anheimelndem Ambiente. Und falls der Wein zu gut schmeckt: Im Haus kann man auch übernachten.

DaiCa in Llubí

Auf der Steinterrasse der Finca Es Serral

Shopping

Der Nordosten Mallorcas ist die Region des traditionsreichen Kunsthandwerks. Städte wie Inca und Manacor sind Hochburgen für Lederwaren und Kunstperlen von besonderer Qualität. Die Produkte werden zwar überall auf der Insel verkauft, hier kann man aber bei der Herstellung zusehen.

INCA: Lottusse €€
Lederwaren G4
Carrer dels Pagesos 14c, 07300
☎ +34 971 504 639
🌐 lottusse.com

Das Outlet für hochwertige Lederwaren aus Inca führt eine große Auswahl an Schuhen für sie und ihn zu absolut attraktiven Preisen sowie für jeden Anlass und Geschmack. In dem reichen Sortiment findet man auch Originelles abseits gängi-

Edle Schuhe von Lottusse

ger Trends. Neben Schuhen werden u. a. Jacken sowie Accessoires wie Taschen und Gürtel angeboten.

INCA: Finca Son Bordils €€
Wein G4
Carretera Inca – Sineu, km 4, 07300
☎ +34 971 182 200
🌐 sonbordils.es

Mehr Tradition geht auch auf Mallorca kaum: Seit 1433 werden aus den Trauben des mittlerweile rund 34 Hektar großen Weinguts edle Tropfen produziert – von Manto Negro bis zu Prensal Blanc. Auf dem Anwesen kann man sich bestens mit mallorquinischen Weinen eindecken,

die man vor dem Kauf selbstverständlich auch probieren kann.

MANACOR: Perlas Majorica €€
Schmuck J6
Via Palma 9, 07500
☎ +34 971 550 900
🌐 majorica.com

Kunstperlen *(siehe S. 146)* aus Manacor sind weltberühmt, bei Perlas Majorica kann man die Perlmutt-Imitate (von klassisch-elegant bis trendy) aus erster Hand erstehen. Viele Besucher bereichern ihr Shopping-Erlebnis mit einer Führung durch die Fabrik. Dabei kann man bei der Produktion von Schmuckstücken zusehen.

ALCÚDIA: Wochenmarkt €
Souvenirs J2
Altstadt, 07410

In den autofreien Gassen der Altstadt von Alcúdia *(siehe S. 142f)* ist zweimal wöchentlich (Di, So) Markttag. Das Warenangebot zeichnet sich nicht durch außergewöhnliche Qualität aus, ein nettes Souvenir oder Mitbringsel findet man jedoch allemal. Außerdem sind die historische Kulisse vor altehrwürdigem Gemäuer und die Farbenpracht einmalig.

Unterhaltung

Die Nacht durchmachen kann man auf Mallorca nicht nur in Palma, sondern auch in einigen Clubs im Nordosten. Die meisten befinden sich am Strand oder in Strandnähe. Sehr spannend sind lokale Feste, an denen auch Besucher teilnehmen können – ideal, um weitere Facetten der Region zu entdecken.

SON SERRA DE MARINA: El Sol – Sunshine Bar €€€
Beach-Bar K4
Puig de Bonany 1, 07549
☎ +34 971 854 029
🌐 sunshine-bar.net

Der Strand ist bei Wind- und Kitesurfern beliebt, an die Bar zieht es aber nicht nur Wassersportler. Chillige Rhythmen, Lounge-Flair und Cocktails machen den Reiz der Sunshine Bar aus. Höhepunkt ist natürlich der Sonnenuntergang mit einem Cocktail in der Hand.

SINEU: Festa del Much €
Volksfest H5
Zentrum, 07510

Ein ganzes Dorf ist auf den Beinen: Jedes Jahr am zweiten Montag im August herrscht in Sineu Ausnahmezustand, an diesem Tag dreht sich alles um die Fantasiefigur Much, eine Mischung aus Teufel und Stier, mit einer rosa Blume geschmückt. Die traditionsreichen Festlichkeiten folgen einer eindrucksvollen Dramaturgie und dauern den ganzen

Alles in Rosa: Festa del Much

Tag. Rosa ist die offizielle Farbe der Festlichkeit. Alle Läden verkaufen rosa Gegenstände, Flip-Flops, Sonnenbrillen, Hüte und vieles mehr.

Windmühle beim Puig de Galatzó (siehe S. 153)

Süden

Von schneeweißen Salzbergen bis zu einer Blauen Grotte – der Reiz des Südens liegt in seinen Farben, seiner Vielfalt und Ursprünglichkeit. Einige der schönsten Sandstrände der Insel wechseln sich mit abgeschiedenen, malerischen Buchten ab.

Tradition wird in dieser Region großgeschrieben: Alte Handwerkskunst wie Glasbläserei wird ebenso gepflegt wie die althergebrachte Produktion von Salz. Windmühlen prägen in manchen Ecken das Landschaftsbild und dokumentieren eine frühere Agrartechnik. In Schauwerkstätten oder bei Führungen erlebt man die angewandten Methoden hautnah und eindrucksvoll.

Zeugnisse der Geschichte des Südens reichen von einer prähistorischen Siedlung bis zum Piratenunterschlupf auf Cabrera, der Ziegeninsel. Einige Kirchen und Klöster – zum Teil in traumhafter Lage – faszinieren als Orte der Besinnung wie als Bauwerke.

Auch für Naturliebhaber ist viel geboten: Sie genießen den Aufenthalt in einem Naturpark, einem Nationalpark und einem Kakteengarten.

Süden

Highlights

- ❺ Megalithkultur: Capocorb Vell
- ❾ Salinas d'Es Trenc
- ⓭ Botanicactus
- ⓮ Nationalpark Cabrera

Sehenswürdigkeiten

- ❶ Algaida
- ❷ S'Arenal
- ❸ Puig de Randa
- ❹ Llucmajor
- ❻ Montuïri
- ❼ Vilafranca de Bonany
- ❽ Felanitx
- ❿ Santanyí
- ⓫ Parc Natural de Mondragó
- ⓬ Cala Figuera

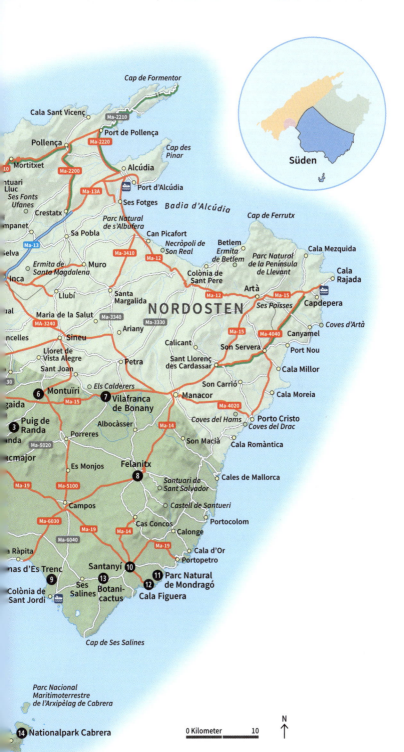

Cap de Formentor

Cala Sant Vicenç
Port de Pollença
Ma-2210
Pollença
Ma-2220
Cap des
Pinar
Mortitxet
Ma-2200
Alcúdia
ntuari
Lluc
Ma-13A
Port d'Alcúdia
Ses Fonts
Ufanes
Ses Fotges
Badia d'Alcúdia
Cap de Ferrutx
Crestatx
Parc Natural
de s'Albufera
Can Picafort
Betlem
Cala Mezquida
panet
Sa Pobla
Necròpoli de
Son Real
Ma-3410
Betlem
Ermita de
Betlem
Parc Natural
de la Península
de Llevant
Cala
Rajada
selva
Ermita de
Santa Magdalena
Ma-12
Muro
Colònia de
Sant Pere
Inca
Llubí
Santa
Margalida
Artà
Capdepera
NORDOSTEN
Ma-12
Ses Païsses
Maria de la Salut
MA-3240
Ma-3340
Ma-3330
Coves d'Artà
ncelles
Sineu
Ariany
Ma-15
Canyamel
Ma-4040
Lloret de
Vista Alegre
Calicant
Son Servera
Port Nou
ral
Sant Joan
Petra
Sant Llorenç
des Cardassar
Cala Millor
Els Calderers
Son Carrió
Cala Moreia
6 Montuïri
7 Vilafranca
de Bonany
Manacor
gaida
Ma-15
Ma-4020
Coves del Hams
Porto Cristo
3 Puig de
Randa
Albocàsser
Ma-14
Coves del Drac
nda
Porreres
Son Macià
Cala Ròmantica
Ma-5020
Es Monjos
Felanitx
Cales de Mallorca
Ma-19
Ma-5100
8
Santuari de
Sant Salvador
Campos
Castell de Santueri
Portocolom
Ma-6030
Cas Concos
Calonge
Ma-19
Ma-6040
Ma-14
Ma-19
Cala d'Or
a Ràpita
Portopetro
nas d'Es Trenc
Santanyí
10
11 Parc Natural
de Mondragó
9
13
12
Colònia de
Sant Jordi
Ses
Salines
Botani-
cactus
Cala Figuera

Cap de Ses Salines

Parc Nacional
Maritimoterrestre
de l'Arxipèlag de Cabrera

14 Nationalpark Cabrera

Süden

N

0 Kilometer   10

Persönliche Favoriten

Auch abseits der Küste hat Mallorcas Süden viel zu bieten. Sie sollten hier keinesfalls nur »durchfahren«. Begeben Sie sich auf Entdeckungstour. Begegnungen mit Einheimischen bieten Stoff für Geschichten über Menschen, die man nicht vergisst.

Els Calderers – Gang durch die Geschichte

Bei einem Besuch des Gutshof Els Calderers taucht man ein in das Mallorca vor dem Tourismus, als die Insel noch ganz von der Landwirtschaft bestimmt war.

Das Anwesen inmitten der fruchtbaren Ebene Es Pla , der Kornkammer Mallorcas, erinnert an die Zeit der Großgrundbesitzer. 1285 wurde der Gutshof erstmals urkundlich erwähnt und bis in die 1950er Jahre bewirtschaftet. Nach Jahrzehnten der Vernachlässigung wurde das Herrenhaus als Museum wiederbelebt. Heute spaziert man durch die wunderbar ausgestatteten Zimmer der Herrschaften sowie die Arbeits- und Schlafräume des Personals, durch verschiedene Werkstätten und die alte Kornkammer. In den Viehställen wird das schwarze Schwein, *porc negre*, gehalten, aus dem die mallorquinische Wurstspezialität *sobrassada* hergestellt wird. Der Garten und der Innenhof sind ebenfalls wunderschön.

Els Calderers
🅰 H6 🅰 Camino Els Calderers, Sant Joan 📞 +34 971 526 069 🕐 tägl. 10–17:30 🆆 elscalderers.com

Spaziergang um die Cala Figuera – Idyll pur

Der Ort Cala Figuera an der gleichnamigen Bucht ist der Inbegriff von einem malerischen Hafen mit traditioneller Fischerei – auch das ist Mallorca-Feeling.

Einen stimmungsvolleren Fischerhafen gibt es auf Mallorca nicht: Wie ein Fjord reicht die Cala Figuera, eine schmale Bucht, tief ins Land. Umrahmt wird sie von weißen, in der Sonne leuchtenden Fischerhäusern und Bootsschuppen mit bunt angestrichenen Türen, die Boote liegen direkt davor. Ein schmaler Fußweg verläuft um das viel fotografierte Hafenbecken (Hin- und Rückweg: ca. 30 Min.). Von den erhöht gelegenen Tavernen und Bars blickt man auf ankernde Boote. Mehr Postkartenidylle geht nicht.

Fischerboote in der Cala Figuera

🅰 J9 🆆 mallorca.com/de/mallorca/cala-figuera

Glasfabrik Gordiola

Im Jahr 1719 gründete die Familie Gordiola eine Glasfabrik. Der traditionsreiche Betrieb ist in einem burgähnlichen Bauwerk in Algaida untergebracht, das auch Verkaufsräume und ein Museum beherbergt. Besucher erleben in der ältesten Glashütte der Insel die Strahlkraft einer jahrhundertealten Handwerkstradition.

In Mallorcas ältester Glasfabrik kann man den Glasbläsern über die Schulter schauen. José Jaume Cerda etwa ist hier seit 25 Jahren tätig und gehört damit zu den erfahrensten Kräften. Beim Gespräch blitzt ihm der Stolz auf seine Handwerkskunst aus den Augen. Und das vollkommen zu Recht: Der Betrachter kommt aus dem Staunen kaum heraus. Mit unglaublicher Geschicklichkeit und Fingerfertigkeit formen José und seine Kollegen aus glühender, zähflüssiger Rohmasse in kürzester Zeit die kuriosesten Gebilde, jedes einzelne ein Unikat. Trotz der Gluthitze, die den Öfen entweicht, behalten alle jederzeit kühlen Kopf. Jeder Handgriff sitzt – ob beim Glasblasen durch ein Metallrohr *(canya)*, beim Formen des entstandenen Ballons mit Zangen, beim Trennen des mundgeblasenen Stücks vom Rohr mit einem Messer oder beim Abkühlen des Objekts im Wasser. Übrigens: Fotografieren ist hier ausdrücklich erlaubt.

José mit glühender Rohmasse an einem Rohr

Bunte Glaspracht mit Motiven aus dem Tierreich

Produkte der Werkstatt kann man im Shop nebenan kaufen. Hier nimmt der Zauber des Materials Glas Gestalt an. Auch dies ist eine eigene Welt. Glaswaren in allen Farben stehen gut sortiert in Regalen – Tisch-, Wand- und Deckenlampen, Trinkgläser, Vasen, Schalen, Aschenbecher, Briefbeschwerer, Essig- und Ölfläschchen, Kerzenständer, Schmuck, Tierfiguren in allen erdenklichen Farben und Formen. Auch wenn man nicht vom Fach ist: Den Unterschied zwischen Kunst und Kitsch erkennt auch der Laie. Das Preisniveau ist gehoben. Wenn Sie allerdings ein schönes, typisch mallorquinisches und gleichzeitig praktisches Mitbringsel suchen: Hier finden Sie es garantiert.

Im Obergeschoss befindet sich das Museum. Gezeigt werden Sammlerstücke, die aus aller Welt zusammengetragen wurden. Die Objekte stehen nach Ländern sortiert in Vitrinen.

Gordiola-Vase

Vidrios de Arte Gordiola
🅐 G6 🏠 Carretera Palma – Manacor, km 19, Algaida
📞 +34 971 665 046 🕐 Mo – Fr 9 – 18, Sa 9 – 14
🌐 gordiola.com

❶

Algaida

🅰 G6 🗺 5500 ℹ Carrer del Rei 6, +34 971 125 335
🌐 visitalgaida.com

Hauptattraktion des beschaulichen Städtchens ist die Glasfabrik Gordiola *(siehe S. 161)*.

❷

S'Arenal

🅰 E7 🗺 17000 ℹ Plaça d'Espanya 12, +34 971 669 162 🌐 visitllucmajor.com/poblaciones/arenal

Wasserspaß für die ganze Familie bietet Aqualand El Arenal

Auch wenn es am Strand von S'Arenal (El Arenal) im Sommer hoch hergeht: Der »Ballermann« ist an der angrenzenden Platja de Palma *(siehe S. 101)*. Der gesamte Strandabschnitt erlebt ein Redesign, soll schicker und anspruchsvoller werden.

Am Ortsrand liegt **Aqualand El Arenal**, Mallorcas größter Wasser-Fun-Park. Im Palma Aquarium *(siehe S. 80)* nordwestlich von S'Arenal erlebt man Geheimnisse der Unterwasserwelt.

Aqualand El Arenal

🌀 🅰 S'Arenal 📞 +34 696 158 177 🕐 Mai, Juni, Sep: tägl. 10–17 (Juli, Aug: bis 18) 🌐 aqualand.es/elarenal

❸

Puig de Randa

🅰 G7 ℹ +34 971 120 260 🌐 santuaridecura.com

Mitten in der fruchtbaren Ebene Es Pla erhebt sich oberhalb von Randa der Puig de Randa (542 m), von dessen Gipfel man weite Teile Mallorcas überblickt. Der Philosoph und Theologe Ramon Llull gründete hier im 13. Jahrhundert eine Einsiedelei, in der er einige Jahre lebte. Das Santuari Nostra Senyora de Cura erreicht man über eine kurvenreiche Straße, vorbei an zwei anderen Klöstern. Das Pilgerziel beherbergt heute ein Hotel und ein Restaurant, im Garten steht eine Statue Ramon Llulls.

❹

Llucmajor

🅰 FG7 🗺 37000 ℹ Plaça d'Espanya 12, +34 971 669 162 🌐 visitllucmajor.com

Auf dem Weg von Palma in den Süden ist Llucmajor der erste größere Ort. Wenn Sie irgendwo auf Mallorca Schuhe kaufen, stammen diese wohl aus Llucmajor, einem traditionellen Zentrum der Schuhindustrie. Die Plaça d'Espanya wird vom Rathaus und der Jugendstil-Markthalle sowie Cafés wie dem Café Colón (1928) flankiert.

Durch die zwölf Kilometer südöstlich gelegene Stadt Campos weht noch ein Hauch von Mittelalter.

Schon gewusst?

In Campos sind mehrere bemerkenswerte historische Gebäude wie die Kirche von Sant Julia.

Puig de Randa: Pilgerziel und Aussichtsberg oberhalb von Randa

Megalithkultur: Capocorb Vell

⑤ ⚒ 🖥

Capocorb Vell zählt zu den größten prähistorischen Siedlungen Mallorcas. Weitere befinden sich verstreut auf der Insel, darunter Ses Païsses bei Artà, und auf Menorca. Neben Behausungen umfassen diese Megalithkomplexe auch Reste von *talayots* (Türmen). Nach ihnen wurde die auf den Balearen bedeutende Talayot-Kultur (13.–2. Jh. v. Chr.) benannt.

Capocorb Vell

🅰 F8 🏠 12 km südl. von Llucmajor 📞 +34 971 180 155 🕐 Fr–Mi 10–17, keine Führungen, Informationsblatt am Eingang (auch auf Deutsch) 🆆 visitllucmajor.com/de/erfahrungen/kultur/capocorb-vell

Bauweise
Kennzeichnend für Bauten der Talayot-Kultur ist das Zyklopenmauerwerk. Bei dieser Technik wurden große, unregelmäßig geformte Steine ohne Verwendung von Bindemitteln aufeinandergeschichtet.

Säule
Aus mächtigen aufeinandergeschichteten Gesteinsblöcken errichtete Säulen werden als frühere Dachstützen der *talayots* gedeutet.

Gedenkstein
Einige an »Hinkelsteine« erinnernde Bauten wurden als Gedenkstätten angelegt.

Talayot
Die seinerzeit zwei- bis dreistöckigen *talayots* haben runde oder viereckige Querschnitte.

Wie ein Spinnennetz: stillgelegte Windmühle in Montuïri

⑥ Montuïri

🅰 G6 🏠 3000 ℹ Plaça Major 1, +34 971 644 125 🌐 turismemontuiri.com

Auch wenn sich die Flügel der Windmühlen nicht mehr drehen: Bei einem gemütlichen Spaziergang durch Montuïris Mühlenviertel Es Molinar erlebt man noch ein Stück ursprüngliches Mallorca. Im höchstgelegenen (und entsprechend windexponierten) Teil Montuïris mahlten die Müller ab dem 17. Jahrhundert in den Windmühlen das Getreide der fruchtbaren Ebene. Im 19. Jahrhundert traten an die Stelle der alten Windmühlen elektrisch betriebene. Acht originale Produktionsstätten sind im Carrer des Molinar (»Mühlenstraße«) erhalten, die zum Museum ausgebaute Mühle d'en Nofre (siehe S. 153) kann man bei einer Führung besichtigen.

Von dort ist es nicht weit zur Plaça Major mit Rathaus und der Kirche Sant Bartolomeu. Am anderen Ortsende von Montuïri präsentiert das Museu Arqueològic de Son Fornés (www.sonfornes. mallorca.museum) Fundstücke aus dem Talayot-Ausgrabungsgebiet Son Fornés, das sich etwa 2,5 Kilometer außerhalb von Montuïri an der Straße nach Pina befindet.

Alljährlich am ersten Sonntag im Dezember wird die Festa de sa Perdiu gefeiert. Die Einheimischen fiebern dabei vor allem dem Rebhuhnwettbewerb entgegen.

⑦ Vilafranca de Bonany

🅰 H6 🏠 3500 ℹ Carrer Sant Martí 25a, +34 971 832 107

Der Ort an der Straße nach Manacor ist ein Handelszentrum für Obst und Gemüse aus der Umgebung. Entlang der Hauptstraßen reihen sich bunte Marktstände aneinander. Hier kann man Paprikaschoten, Melonen, Kürbisse, Tomaten, Knoblauch und Obst aus hiesigem Anbau kaufen. Die bunten Stände sind beliebte Fotomotive.

2020 eröffnete das Museo Sacacorchos, das 150 Korkenzieher präsentiert (Carrer Bonany 7, Mi 10–15). Bei der Festa del Meló Anfang September dreht sich alles um Melonen.

⑧ Felanitx

🅰 J7 🏠 18 000 ℹ Kulturhaus, Plaça Font de Santa Margalida 3, +34 971 582 274 🌐 felanitx.org

In Felanitx, einer Hochburg der Keramikproduktion, kamen der Baumeister Guillem Sagrera (1380–1456) und der Maler Miquel Barceló (* 1957) zur Welt. Die Kirche Sant Miquel aus dem 16. Jahrhundert zählt auch wegen der üppigen Ausschmückung zu den sehenswertesten Sakralbauten der Insel.

Umgebung: Das Santuari de Sant Salvador steht vier Kilometer östlich von Felanitx in 509 Meter Höhe auf dem Puig de Sant Salvador. Das im Jahr 1348 gegründete Kloster ist ein wichtiger Wallfahrtsort. Genießen Sie die Aussicht.

Zwölf Kilometer südöstlich von Felanitx liegt der Ferienund Badeort Portocolom.

Fassade und Treppenaufgang von Sant Miquel in Felanitx

9 ⬡ ⬡ ⬡ ⬡

Salines d'Es Trenc

Die Salinen von Es Trenc sind die größten der Insel. Seit den 1950er Jahren wird hier Salz produziert. Dabei wird Meerwasser vom Strand über einen Kanal zu den Salinen gepumpt und durchfließt dort mehrere Salzbecken. Hohe Temperaturen, eine sanfte Brise und geringe Luftfeuchtigkeit lassen das Wasser verdunsten, das enthaltene Salz kristallisiert aus. In guten Jahren werden hier bis zu 10 000 Tonnen Salz gewonnen. Der Ort Ses Salines verdankt dem Salzwerk seinen Namen.

Salines d'Es Trenc

🅰 H9 🅰 Carretera Campos – Colònia de Sant Jordi, km 8,5
📞 +34 971 655 306
🕐 nur Führungen (tägl. 10:30, 12, 13:30, 15)
🌐 salinasdestrenc.com

Schon gewusst?

140 Salzbecken, alle verbunden mit regulierbaren Rohren, erstrecken sich über 150 Hektar.

Salzberge
Wie schneeweiße Felswände wirken die mehrere Meter hohen Berge von fabrikfertigem Salz. Bei starker Sonneneinstrahlung ist die Blendwirkung der Salzberge ähnlich wie auf einem Gletscher.

Luftaufnahme
Die Salzbecken erstrecken sich über rund 150 Hektar. Pigmente von Organismen bewirken unterschiedliche Färbungen.

Flamingo
In den Salzbecken finden rosafarbene Flamingos Nahrung.

Salzbecken in der Dämmerung
Die glatten Oberflächen der Salzbecken erzeugen spezielle Lichteffekte.

Küstenlandschaft im Parc Natural de Mondragó (siehe S. 168)

Wie ein Bogen ragt Es Pontàs bei Cala Figuera aus dem Wasser

Schon gewusst?

Im Naturpark Mondragó sind mehr als 70 Vogelarten registriert, darunter auch viele Zugvögel.

Santanyí

J9 · 12 000 · Plaça Major 12, +34 971 653 002 · ajsantanyi.net

Bekannt ist Santanyí vor allem für eine Gesteinsart und eine Orgel. Viele Häuser in dem alten Städtchen bestehen aus dem hier abgebauten ockerfarbenen Sandstein. Blöcke davon wurden in Palma für den Bau der Kathedrale und des Castell de Bellver verwendet.

Treffpunkt und Flaniermeile der Stadt ist die Plaça Major. An einem Ende des von Cafés, Bars und Galerien gesäumten Platzes ragt die Kirche Sant Andreu Apòstol (18./19. Jh.)

auf. Sie birgt einen wahren Kunstschatz: Ihre von dem am Königshof wirkenden Orgelbauer Jordi Bosch geschaffene Orgel (1762) gilt als Meisterwerk. Die Porta Murada erinnert noch an mittelalterliche Zeiten, als die Stadt eine wichtige Festung zur Verteidigung des Südostens Mallorcas war.

Parc Natural de Mondragó

J9 · Parkplatz oberhalb der Cala Mondragó, +34 971 181 022 · tägl. 9–16

Der knapp 765 Hektar große Naturpark mit reicher Vogelwelt wird überwiegend von

Kiefernwald bedeckt. Die Küste ist hier zerklüftet, man kommt auf den Wanderwegen aber auch an Sandbuchten vorbei, an denen man baden kann – die besten sind Cala Mondragó, Cala S'Amarador und Caló d'es Burgit.

Cala Figuera

J9 · 800 · siehe Santanyí

Der idyllische Ort mit einem authentischen Fischereihafen liegt an einer fjordähnlichen Bucht. Der Blick von einer der erhöht gelegenen Hafentavernen auf den felsumrahmten Fjord und die hier ankernden Boote könnte nicht schöner sein. Ein schmaler Weg verläuft um die Bucht, vorbei an Fischerhäusern und Bootsgaragen – nichts für Strandurlauber, eher für Romantiker.

Die westlich angrenzende, ebenso malerische Bucht von Cala Santanyí verfügt hingegen über einen kleinen Sandstrand. Vor der Küste erhebt sich das imposante Felsentor Es Pontàs aus dem Wasser. Das »Tor zum Meer«, ein Werk der Meeresbrandung, ist eine Herausforderung für Extremkletterer und Taucher, Inspirationsquelle für Maler und beliebtes Fotomotiv für Urlauber.

Idylle pur: Cala Figuera an der gleichnamigen Bucht

Botanicactus

In diesem botanischen Garten, der mit rund 150 000 Quadratmetern zu den größten Europas zählt, fühlt man sich wie in
einer anderen Welt. Neben Kakteen, Agaven und Palmen aus
allen Trockengebieten der Erde sieht man hier auch einen
Querschnitt durch die mallorquinische Flora, darunter Granat-
apfel-, Mandel-, Oliven- und Eukalyptusbäume sowie Bougain-
villeen. Auf dem Wegenetz gelangt man zu einem künstlichen
See und einer Voliere mit einheimischen Vögeln.

Botanicactus

🅰 H9 🅰 Finca Camp de
Sa Creu bei Ses Salines,
Carretera Ses Salines –
Santanyí, km 1
📞 +34 971 649 494
🕐 Sommer: tägl. 9 –
19:30; Winter: tägl.
10:30 – 16:30
🆆 botanicactus.com

Palmfarn mit Frucht
Dichte Wedel mit tiefgrünen Blättern sind Kennzeichen dieser Pflanze der Tropen und Subtropen.

Goldkugelkakteen
Diese Kakteen stehen einzeln oder türmen
sich aufeinander – trotz langer Dornen.

Eine Anmutung wie am Rand einer Wüste: schlanke Kakteen, gedrungene Agaven

14 M3

Nationalpark Cabrera

⚠ CD 9–10 ℹ Besucherzentrum Carrer Gabriel Roca s/n, Colònia de Sant Jordi 📞 +34 971 656 282 ⛴ Apr–Okt tägl. vom Pier Colònia de Sant Jordi 📞 +34 971 649 034 Ⓦ cvcabrera.es Ⓦ excursionsacabrera.es

Die unbewohnte Illa Cabrera (Ziegeninsel) war früher ein Piratennest, später Gefängnisinsel. 1991 wurde Cabrera mit dem ganzen Archipel vorgelagerter Felsinseln zum Nationalpark erklärt. Von Colònia de Sant Jordi werden Bootsausflüge organisiert. Die Unterwasserwelt erlebt man bei einem Tauchgang oder beim Schnorcheln.

↑ *Auf einem Felsen thront die Burgruine* **Es Castell** *(14. Jh.). Im Museum wird die spannende Geschichte der Insel dokumentiert.*

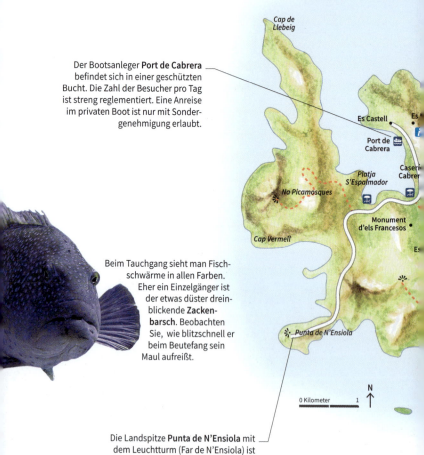

Der Bootsanleger **Port de Cabrera** befindet sich in einer geschützten Bucht. Die Zahl der Besucher pro Tag ist streng reglementiert. Eine Anreise im privaten Boot ist nur mit Sondergenehmigung erlaubt.

Beim Tauchgang sieht man Fischschwärme in allen Farben. Eher ein Einzelgänger ist der etwas düster dreinblickende **Zackenbarsch**. Beobachten Sie, wie blitzschnell er beim Beutefang sein Maul aufreißt.

Die Landspitze **Punta de N'Ensiola** mit dem Leuchtturm (Far de N'Ensiola) ist Orientierungspunkt für Boote und Aussichtsplatz für Besucher der Insel.

Cap de Llebeig
Es Castell
Port de Cabrera
Caseri Cabrer
Platja S'Espalmador
Na Picamosques
Monument d'els Francesos
Cap Vermell
Punta de N'Ensiola
0 Kilometer 1
N

CONEJERA

REDONA

Punta
de sa Corda

Cova Blava

CABRERA

Bella Miranda

Punta
des Burri

Punta
des Codolar

Sarriuer

Flora und Fauna
der Insel

Mit weiten Schwingen ziehen die **Eleonoren-falken** über dem Archipel elegant ihre Kreise. Beim Tauchen kommt man den sogenannten »Vagabunden der Meere«, den **Meeresschildkröten**, ganz nahe. Die **Korallenmöwen** besetzen gern Felsspitzen. Ihre roten Schnäbel leuchten in der Sonne. Früher grasten auf der Insel Ziegenherden, die (fast) alles kahl fraßen – nur von dem hochgiftigen **Riesenfenchel** hielten sie sich fern. Die bis zu drei Meter hohen Pflanzen konnten sich daher gut behaupten.

Sa Cova Blava, die nur vom Wasser erreichbare »Blaue Grotte«, hat ihren Namen von der Farbe des Lichts, das Wasser und Wände reflektieren. Jede Bootsfahrt führt zu dieser Attraktion.

→

Das Aquarium im Besucherzentrum am Hafen zeigt Tiere und Pflanzen der küstennahen Gewässer des Nationalparks.

Restaurants

Viele Restaurants mit inseltypischem Flair und wunderbaren kulinarischen Verführungen tragen zum Charme von Mallorcas Süden bei. Die bunte Palette reicht von bodenständigen Lokalen bis zu Gourmet-Tempeln. Bringen Sie genügend Zeit mit. Und wenn Sie nach einem ausgiebigen, genussvollen Abendessen umdisponieren und nicht mehr weiterfahren wollen: Kein Problem, in den überwiegend eher beschaulichen Orten des Südens findet man oft spontan ein Zimmer für die Nacht.

PORTOCOLOM:
Restaurante Colón €€€
Mediterran 🅐 K8
Carrer Cristòfor Colom 7, 07670
📞 +34 971 824 783 📅 Mi
🌐 restaurante-colon.com
Haute Cuisine mit mallorquinischem Charme. Das Restaurant liegt an einem der eindrucksvollsten Naturhäfen Mallorcas und ist in jeder Hinsicht außergewöhnlich. Kunstwerke schmücken die Sandsteinwände, vor der Bar ist ein lebensgroßer metallener Stier platziert. Neben mediterranen Speisen gibt es auch einige aus Österreich, der Heimat des Küchenchefs. Die generösen Portionen relativieren das Preisniveau.

PORTOCOLOM:
El Castillo del Bosque €€
Mallorquinisch 🅐 K8
Carretera Felanitx, km 8, 07200
📞 +34 971 824 144 📅 Di, Mi
🌐 elcastillodelbosque.es

Ob köstliche Fleischgerichte oder Seafood: Das gemütliche Restaurant verwöhnt mit erlesenen Speisen aus regionalen Zutaten. Die Karte listet eine Vielzahl mallorquinischer Klassiker, darunter auch gebratene Lammschulter oder gegrillte Seezunge. Unter den vegetarischen Optionen überzeugen Paella mit frischem Gemüse und Spaghetti mit Wokgemüse. Familien schätzen die Kinderkarte.

CALA MURADA:
Halali Restaurante & Bar €€
Mallorquinisch 🅐 K8
Via d'Andorra 401, 07688
📞 +34 971 833 547 📅 Mo, Di
In diesem Lokal genießt man gehobene Küche und grandiose Weine in entspannter Atmosphäre. Ein Special des Hauses: Sonntags ist Grillhähnchentag. Auf Vorbestellung werden auch Wunsch-Menüs zusammengestellt.

Schweinebraten im Cassai

SANTANYÍ: Es Cantonet €€
Spanisch 🅐 J9
Plaça Francisco Bernareggi 2, 07650
📞 +34 971 163 407 📅 So
🌐 es-cantonet.net
Das Restaurant überzeugt mit seinem speziellen Konzept: Naturmaterialien und -farben sowie klare Linien und dezente Dekoration schaffen ein heimeliges Ambiente. Im lauschigen Patio sitzt man ebenso gemütlich wie an kälteren Tagen am Kamin. Die (relativ übersichtliche) Karte wird durch eine stattliche Zahl an Tagesofferten ergänzt. Gefragt sind insbesondere gefüllte Goldbrasse mit

Cassai: legeres Ambiente

Patio (Innenhof) des Cassai, Ses Salines

Gemüse, hausgemachte Ravioli und die interessanten Tapas-Variationen. Ein Gedicht zum krönenden Finale ist die wunderbare Schoko-Mousse.

SES SALINES: Cassai €€
Mediterran H9
Carrer Sitjar 5, 07640
☎ +34 971 649 721
🌐 cassai.es
Was für eine Auswahl: Pasta und Reisgerichte, Seafood und Steaks, Gemüse und Tapas, Pizzas und Salate – alles köstlich und außerdem sehr schön angerichtet. So mediterran wie die Küche ist auch das Ambiente im Cassai. Im lauschigen Patio sitzt man unter Schatten spendenden Sonnensegeln, im Innenraum überzeugen viele geschmackvoll gesetzte

Deko-Details. Die Bar ist allerbestens bestückt, das Angebot an Cocktails und Longdrinks lässt wohl kaum einen Wunsch offen.

CAS CONCOS: Viena €€
International J8
Carrer Medge Obrador 13, 07208
☎ +34 971 842 290 🕐 Di, Mi
🌐 vienamallorca.com
Vintage-Möbel und -Lampen, zeitgenössische Kunst an den Wänden und ein bunter Mix an Gerichten tragen zum ganz besonderen Charme des Restaurants bei. Neben dem Viena-Schnitzel (vom Schwein) und (schwäbischem) Kartoffelsalat gibt es auch eine bemerkenswerte Auswahl an spanischen Gerichten – von frischem Sea-

food bis zu Tapas – sowie Desserts zum Niederknien.

SANTA EUGÈNIA:
Celler Sa Torre €€
Spanisch F5
Carretera Santa Maria – Sencelles, km 7, 07142
☎ +34 971 144 011 🕐 So, Mo
🌐 sa-torre.com
Das Landgut in traumhafter Lage zählt zu den Aushängeschildern für Agrotourismus auf Mallorca. Das stimmungsvolle Restaurant mit den Ausmaßen eines Kirchenschiffs wird von nobel gedeckten Tischen und gigantischen, rund 300 Jahre alten Weinfässern geprägt. Angeboten werden nur wenige, dafür täglich wechselnde Menüs. Auch zum Frühstück geöffnet.

Shopping

Der Süden gilt im Allgemeinen nicht als Shopping-Paradies. Man findet hier jedoch typische Insel-Aromen (von Wein bis Salz) ebenso wie Läden, die von Antiquitäten über Accessoires bis zu Krimskrams alles verkaufen. Ein Bummel über einen Wochenmarkt mit Ständen von Delikatessen bis Kunsthandwerk ist immer ein Erlebnis.

FELANITX: Ànima Negra €€
Wein J7
3a Volta 18, 07200
☎ +34 971 584 481
🌐 annegra.com
Rund um Felanitx sowie in anderen Anbaugebieten reifen die Trauben, aus denen die edlen Tropfen des auch über Mallorca hinaus renommierten Weinguts (»Schwarze Seele«) gekeltert werden. Der kraftvolle ÀN/2 gilt als Aushängeschild unter den vielen guten Weinen der Insel *(siehe S. 151)*. Die Tropfen kann man vor dem Kauf selbstverständlich in der Bodega kosten.

S'ALQUERIA BLANCA:
Ca's Perillo €
Accessoires J9
Plaça Verge de Consolació 3, 07691
☎ +34 971 163 422
🌐 casperillo.jimdo.com
Kerzen und Keramik, Stoffe und Glaswaren, Schmuck und Deko-Artikel, Leuchten, Klein-

möbel und Souvenirs – in diesem kunterbunten Kleinod findet man auch, was man eigentlich gar nicht gesucht hat. Ein wunderbar verwinkelter Laden in einem alten Stadthäuschen – ideal zum Stöbern und Entdecken.

SANTANYÍ: Valle Trufa €€€
Kuriositäten J9
Carrer de s'Aljub, 07650
☎ +34 630 478 567
🌐 valletrufa.es
Das außergewöhnliche Delikatessengeschäft ist auf gastronomische Juwelen spezialisiert: Hier findet man frische schwarze und weiße Trüffel, Trüffelprodukte wie Pasten und Saucen sowie getrüffelte Salami und Käse. Zu den Kunden gehören die Feinschmecker auch Küchenchefs von Spitzenrestaurants.

COLÒNIA DE SANT JORDI:
Flor de Sal d'Es Trenc €€
Salz H9

Körbe auf dem Markt

Carretera Campos – Colònia de Sant Jordi, km 8,7, 07630
☎ +34 673 433 456
🌐 flordesal.com
Seit Jahrzehnten wird in den Salinen von Es Trenc Salz produziert *(siehe S. 165)*. Im Laden beim Besucherzentrum wird dieses in Dosen abgefüllt verkauft. Neben klassischem Salz gibt es auch aromatisierte Varianten (z. B. mit Kräutern oder Hibiskus). Eine weitere Filiale ist in Santanyí (Plaça Major 15).

REISE-INFOS

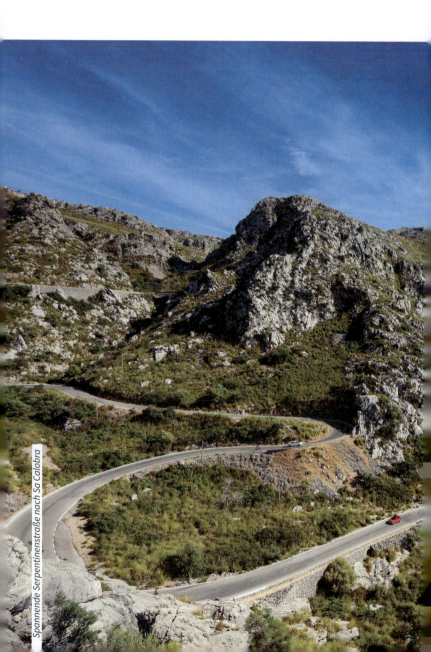

MALLORCA
REISEPLANUNG

Mit etwas Planung sind die Vorbereitungen für die Reise schnell zu erledigen. Die folgenden Seiten bieten Ihnen Tipps und Hinweise für Anreise und Aufenthalt auf Mallorca.

Auf einen Blick

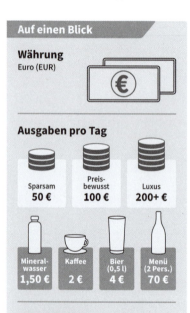

Währung
Euro (EUR)

Ausgaben pro Tag

Sparsam	Preisbewusst	Luxus
50 €	**100 €**	**200+ €**

Mineralwasser	Kaffee	Bier (0,5 l)	Menü (2 Pers.)
1,50 €	**2 €**	**4 €**	**70 €**

Wichtige Redewendungen

Hallo	Hola
Auf Wiedersehen	Adiós/Hasta luego
Bitte	Por favor
Danke	Gracias
Mein Name ist …	Me llamo …
Ich verstehe Sie nicht	No le entiendo

Strom

Auf Mallorca gibt es Wechselstrom mit 230 Volt und 50 Hz. Flache zweipolige Euronorm-Stecker passen immer.

Einreise

Für Bürger aus Mitgliedsstaaten der Europäischen Union und der Schweiz gibt es bei der Ein- und Ausreise keinerlei Grenzkontrollen. Für Ihren Aufenthalt ist jedoch ein gültiger Personalausweis bzw. Reisepass erforderlich, um sich jederzeit ausweisen zu können. Auch Kinder jeden Alters benötigen einen eigenen Ausweis.

Sicherheitshinweise

Aufgrund unvorhersehbarer Entwicklungen kann es zu Änderungen und Einschränkungen kommen. Aktuelle Hinweise zur Einreise sowie Sicherheitshinweise finden Sie beim deutschen **Auswärtigen Amt**, beim österreichischen **Bundesministerium für europäische und internationale Angelegenheiten** oder beim **Eidgenössischen Departement für auswärtige Angelegenheiten** der Schweiz.
🆆 auswaertiges-amt.de
🆆 bmeia.gv.at
🆆 eda.admin.ch

Zoll

Spanien wendet das Schengen-Abkommen an. Bürger aus EU-Staaten und der Schweiz dürfen alle Waren für den persönlichen Gebrauch zollfrei ein- oder ausführen. Dafür werden etwa bei Tabakwaren, Alkohol und Bargeld bestimmte Grenzwerte angesetzt.

Weitere Informationen zu geltenden Zollvorschriften bieten das Auswärtige Amt *(siehe oben)* und die Bundeszollverwaltung (www.zoll.de).

Versicherungen

Da man auch innerhalb der EU bestimmte medizinische Leistungen selbst bezahlen muss, ist möglicherweise der Abschluss einer Auslandskrankenversicherung zu erwägen, die auch die Kosten für einen Krankenrücktransport oder teure Zahnarztkosten miteinschließt.

Auch der Abschluss einer Reiseversicherung (u. a. gegen Diebstahl) kann sinnvoll sein. Manche Haftpflichtpolicen gelten auch im Ausland – aber nicht alle.

Bezahlen

Kredit- und Debitkarten werden fast überall auf der Insel akzeptiert. Bargeld braucht man nur für kleine Einkäufe. Alle Banken verfügen über Geldautomaten, an denen man – unabhängig von den Öffnungszeiten der jeweiligen Filiale – Geld abheben kann. Geldautomaten findet man auch in den Zentren größerer Städte, in kleineren Orten ist dies nicht unbedingt der Fall. Die Automaten akzeptieren alle gängigen Kredit- und Debitkarten.

Die Telefonnummer des **Sperr-Notrufs** bei Verlust einer Kredit- oder Debitkarte lautet: **+49 116 116**.

Reisende mit besonderen Bedürfnissen

Seit einigen Jahren müssen auf Mallorca neu errichtete öffentliche Gebäude (auch Hotels) barrierefrei sein und u. a. über Lift und behindertengerechte Toiletten verfügen. Ältere Gebäude werden umgerüstet. Auch in Restaurants hat sich die Situation verbessert. Einige Internet-Portale – u. a. **HandicapNet** – stellen behindertengerechte Hotels und Fincas vor. Reisen für Menschen mit Behinderungen organisiert **quertour**, zu den Zielen gehört der Ferienort Cala d'Or im Südosten Mallorcas.

Öffentliche Verkehrsmittel sind für Rollstuhlfahrer oft ungeeignet, sodass es schwierig wird, auf der Insel umherzufahren. Das städtische Verkehrsunternehmen EMT auf Mallorca hat seine Busse jeweils an der mittleren Tür mit einer Einstiegsrampe für Rollstühle ausgestattet.

Bundesverband Selbsthilfe Körperbehinderter
🆆 bsk-ev.org
COCEMFE
🆆 cocemfe.es
HandicapNet
🆆 handicapnet.com
quertour
🆆 quertour.de

Sprache und Schrift

Seit 1983 ist Katalanisch *(català)* neben Spanisch (Kastilisch) gleichberechtigte Amtssprache auf den Balearen. Der katalanische Dialekt Mallorquinisch *(mallorquí)* dient als Verkehrssprache.

Auf Hinweisschildern sind katalanische Begriffe üblich (z. B. *platja* = Strand, *port* = Hafen oder *coves* = Höhlen anstelle der spanischen Begriffe *playa*, *puerto* bzw. *cuevas*).

In Feriengebieten wird oft Deutsch und Englisch verstanden und gesprochen, Schilder und Speisekarten sind meist mehrsprachig. Selbst in abgelegenen Orten sprechen viele Einheimische eine Fremdsprache.

Öffnungszeiten

Viele Museen sind dienstags bis sonntags geöffnet. In der Regel schließen sie ab Mittag für einige Stunden und bleiben sonntagnachmittags zu. Anders ist die Situation in Palma. Dort sind einige kulturelle Attraktionen auch montags zugänglich und verzichten auf die Siesta. Dies gilt auch für einige der bedeutendsten Sehenswürdigkeiten im Inselinneren, u. a. La Granja *(siehe S. 116f)* und Els Calderers *(siehe S. 160)*.

Die Öffnungszeiten von Läden, Supermärkten und Kaufhäusern sind weitgehend liberalisiert. Die großen Shoppingcenter und viele Supermärkte haben durchgehend bis 22 Uhr geöffnet. Außerhalb touristischer Areale ist sonntags Ruhetag.

Vergnügungsparks sind sieben Tage die Woche geöffnet, einige jedoch nur von Frühling bis Herbst. Die Türen der Clubs sind von spätabends bis frühmorgens offen. Viele Fremdenverkehrsämter auf Mallorca haben im Winter zu oder sind dann kürzer geöffnet.

Feiertage

1. Jan	Neujahr *(Cap d'Any)*
6. Jan	Dreikönigstag *(Festa del Reis)*
Feb	Karneval *(Carnaval)*
1. März	Tag der Balearen *(Dia de les Illes Balears)*
März/April	Gründonnerstag *(Dijous Sant)* Karfreitag *(Divendres Sant)* Ostern *(Pasqua)*
1. Mai	Tag der Arbeit *(Dia del Treball)*
Mai/Juni	Fronleichnam *(Festa del Corpus)*
15. Aug	Mariä Himmelfahrt *(Assumpció)*
12. Sep	Mallorcafeiertag *(Diada de Mallorca)*
12. Okt	Nationalfeiertag *(Dia de l'Hispanitat)*
1. Nov	Allerheiligen *(Tots Sants)*
6. Dez	Tag der Verfassung *(Dia de la Constitució)*
8. Dez	Mariä Empfängnis *(Immaculada Concepció)*
25./26. Dez	Weihnachten *(Nadal)*

AUF MALLORCA
UNTERWEGS

Ob Sie einen Städtetrip planen oder einen Aufenthalt im ländlichen Gebiet – hier erfahren Sie, wie Sie Ihre Wunschdestination am besten erreichen und sich auf der Insel bewegen.

Auf einen Blick

Öffentlicher Nahverkehr

Einfaches Ticket Bus (Palma)

2 €

One-Way-Ticket
(Nahverkehr)

Zehner-Ticket Bus (Palma)

10 €

Ohne Umsteigen

Palma – Sollér

4,50 €

Fahrt mit dem Bus

Die Tickets gelten in allen Verkehrsmitteln
(Bus und Nachtbus).

Tempolimits

Autobahn

120 km/h

Schnellstraße

100 km/h

Landstraße

90 km/h

Stadtgebiet

50 km/h

Anreise mit dem Flugzeug

Von zahlreichen Flughäfen in Deutschland, Österreich und der Schweiz bestehen Direktverbindungen mit Mallorcas Aeroport de Son Sant Joan in der Nähe von Palma. Viele Fluggesellschaften aus Spanien, Deutschland und anderen Ländern bieten Flüge auf die Sonneninsel nicht nur in der Hochsaison (dann von vielen Airports sogar mehrmals täglich), sondern zu allen Jahreszeiten. Den überwiegenden Teil wickeln Low-Cost-Airlines wie **Condor**, **Eurowings** und **Vueling** ab, Linienfluggesellschaften wie **Iberia** und **Lufthansa** spielen demgegenüber eine untergeordnete Rolle.

Am bequemsten ist die Abwicklung per Internet. Alle Fluglinien haben Websites, über die Sie direkt einen Flug buchen können. Wegen des großen Angebots an Flügen ist man bei der Buchung in Bezug auf Abflugort und -zeit sowie gegebenenfalls auf die Wahl der Airline überaus flexibel.

Für den Fall, dass Sie nicht individuell reisen möchten: Zahlreiche europäische Reiseveranstalter haben als Urlaubsziel das Inselparadies Mallorca im Programm – fragen Sie in Ihrem Reisebüro nach Pauschalangeboten, die Flug und Unterkunft umfassen. Bei dieser in der Regel relativ günstigen Lösung wird einem die durchaus zeitaufwendige Suche nach einem Hotel abgenommen, was viele Strandurlauber schätzen. Allerdings sollte man sich vorher über Lage und Ausstattung der Unterkunft informieren.

Die Flugzeit nach Mallorca bei Anreise aus Deutschland, Österreich und der Schweiz dauert bei einem Direktflug zwischen zwei und zweieinhalb Stunden. Da man so schnell auf die Ferieninsel gelangt, ist Mallorca nicht nur für den Jahresurlaub beliebt, sondern auch für Kurzaufenthalte zwischendurch.

Wer in seinem Urlaub auch andere Balearen-Inseln kennenlernen möchte, hat reichlich Gelegenheit. Iberia bietet regelmäßig Flüge zwischen den Inseln. Von Mallorca nach Menorca ist man nur 30 Minuten in der Luft – ein Grund, warum diese Form des Inselhüpfens recht beliebt ist.

Vom Flughafen in die Stadt

Verkehrsmittel	Preis
Stadtbus Linie 1: Flughafen – Palma – Hafen (alle 15 – 20 Minuten Flughafen – Zentrum, alle 20 – 30 Minuten Flughafen – Hafen)	5 €
Stadtbus Linie 21: S'Arenal – Flughafen (Winter: alle 30 Minuten, Sommer: alle 17 Minuten)	5 €
Regionalbus Linie A11: Peguera – Magaluf – Flughafen	6,75 – 13,50 €
Regionalbus Linie A32: Can Picafort – Platja Muro/Alcúdia – Inca – Flughafen	6,75 – 13,50 €
Regionalbus Linie A42: Cala Bona – Cala Millor – Manacor – Flughafen	6,75 – 13,50 €
Regionalbus Linie A51: Cala Ferrara – Santanyí – Campos – Llucmajor – Flughafen	6,75 – 13,50 €

Ein Flug von einer Insel auf die andere spart – im Vergleich zu Fährverbindungen – Zeit und gibt Ihnen auch die Möglichkeit, den Archipel aus der Vogelperspektive zu sehen.

Condor
W condor.com
Eurowings
W eurowings.com
Iberia
W iberia.com
Lufthansa
W lufthansa.com
Vueling
W vueling.com

Flughafen

Palmas Flughafen, der **Aeroport de Son Sant Joan** (PMI), ist der einzige Flughafen der Insel und das Eingangstor für die meisten Mallorca-Urlauber. Er ist nach Madrid-Barajas (MAD) und Barcelona-El Prat (BCN) Spaniens drittgrößter Airport. Hier können jährlich bis zu 34 Millionen Passagiere abgefertigt werden. Zu Spitzenzeiten in der sommerlichen Hochsaison landen die Maschinen scheinbar im Minutentakt.

Der Flughafen befindet sich etwa acht Kilometer östlich von Palmas Stadtzentrum. Über die Autobahn ist man mit Mietwagen, Taxi oder Linienbus (Linie 1) recht schnell in der Stadt. Die Fahrt führt entlang der Strandpromenade. Am Flughafen gibt es zahlreiche Läden, einen »Duty-free«-Shop, Mietwagenfirmen und Informationsschalter.

In den letzten Jahrzehnten hat man den Flughafen vergrößert, um dem steigenden Passagieraufkommen gerecht zu werden. Trotz der Größe findet man sich aber leicht zurecht. Die einzelnen Bereiche sind gut ausgeschildert – machen Sie sich allerdings auf längere Märsche gefasst, um von einem Sektor in den anderen zu kommen.

Beim Anflug hat man einen fantastischen Blick auf Mallorca, teilweise auch auf die anderen Balearen-Inseln. Die tolle Aussicht ist ein wunderbarer Start in den Urlaub.

Aeroport de Son Sant Joan
W palmaairport.info

Anreise mit der Fähre

Wenn Sie Ihr eigenes Auto oder Motorrad nach Mallorca mitnehmen wollen, müssen Sie mit einer Fähre anreisen. Bei dieser Variante ist ein deutlich längerer Anfahrtsweg einzuplanen. Bei Anreise aus Norddeutschland muss man auf jeden Fall eine Übernachtung einkalkulieren. Die zeitaufwendige Fahrt lohnt sich meist nur bei einem mehrwöchigen Aufenthalt auf Mallorca bzw. auf den Balearen-Inseln.

Wenn es das Zeitbudget jedoch zulässt, genießt man auf der Fähre natürlich eine – im Vergleich zum Flug – deutlich stimmungsvollere Anreise. Für die meisten Urlauber eignet sich Barcelona am besten zum Übersetzen nach Mallorca. Die Fahrt von Barcelona nach Palma dauert ungefähr 7:30 Stunden, nach Alcúdia rund 5:30 Stunden. Nur wer auch das spanische Festland weiter bereisen möchte, sollte für die Überfahrt südlicher gelegene Häfen wie etwa Valencia in Erwägung ziehen.

Zu den wichtigsten Fährgesellschaften, die Strecken zwischen dem spanischen Festland und Mallorca bedienen, gehören **Trasmediterránea** und **Baleària**.

Baleària
W balearia.com
Trasmediterránea
W trasmediterranea.es

Fähren zu anderen Balearen-Inseln

Urlauber, die genügend Zeit mitbringen, können bei ihrem Aufenthalt auf Mallorca auch andere Balearen-Inseln besuchen. Der regelmäßig bestehende Fährverkehr zwischen den Inseln ist vielfältig: Sie haben die Wahl zwischen einem schnellen Katamaran und gemütlicheren Fähren. Die Fahrt mit der Fähre von Palma nach Maó auf Menorca im Nordosten dauert ungefähr 5:30 Stunden, nach Eivissa auf Ibiza im Südwesten rund vier Stunden. Auf fast allen Schiffen gibt es Bars für die Passagiere. Inselhüpfen auf dem Meer ist günstiger als die Flugvariante und zudem ein schönes Erlebnis. Alle Fährverbindungen mit Unternehmen und Kontaktdaten finden Sie auch auf der hinteren Umschlaginnenseite des Buchs.

Die Mallorca vorgelagerten Inseln Cabrera *(siehe S. 170f)* und Sa Dragonera *(siehe S. 113)* sind ausschließlich mit der Fähre zu erreichen.

Palma ist eines der beliebtesten Ziele von Kreuzfahrten im Mittelmeer. In der Hochsaison liegen im Hafen der Stadt bis zu sieben Kreuzfahrtschiffe gleichzeitig vor Anker.

Straßen und Verkehr

Viele Individualreisende nehmen sich nach Ankunft am Flughafen von Palma einen Mietwagen. Die Trauminsel Mallorca mit dem Auto zu erkunden, ist ein Erlebnis. Man genießt größtmögliche Flexibilität, erreicht auch abgelegene Orte und macht bei jeder Fahrt neue Entdeckungen. In diesem Reiseführer werden auf der Extrakarte zum Herausnehmen einige der eindrucksvollsten Autotouren ausführlich beschrieben.

Straßen und Straßenbeschilderung sind auf Mallorca im Allgemeinen gut – nur Standspuren sind eine Seltenheit. Anzuhalten, um die Landschaft zu bewundern, kann entsprechend gefährlich sein. Die Benutzung der Autobahnen ist gebührenfrei, nur für die Strecke zwischen Alfàbia und Sóller, die durch einen Tunnel unter der Serra de Tramuntana führt, muss man Maut zahlen.

In Stoßzeiten am Morgen und am späten Nachmittag sind in Palma und Umgebung sowie in Städten wie Inca oder Manacor Staus durchaus keine Seltenheit.

Fahren Sie vorsichtig, wenn Sie zu einem Strand oder einer Sehenswürdigkeit unterwegs sind, die etwas abseits liegen. Die Straßen sind mitunter eng, steil und sehr kurvenreich, bei Gegenverkehr kann es Probleme geben.

Einige Strände und auch Attraktionen im Inselinneren sind nur über unbefestigte, holprige Straßen zu erreichen, die man am besten mit einem Wagen mit Vierradantrieb bewältigt. Trotz des insgesamt guten Straßenzustands sollte man Entfernungen und Bergstrecken nicht unterschätzen.

Die ADAC-Notrufnummer lautet **+49 89 222 222**. Den spanischen ADAC-Partnerclub Real Automóvil Club de España (RACE) erreichen Sie unter der Nummer **900 112 222**.

Verkehrsregeln

Die Straßenverkehrsregeln auf Mallorca entsprechen europäischen Normen, aus Mitteleuropa unbekannte Verkehrszeichen sind selbsterklärend. Die Höchstgeschwindigkeiten betragen innerorts 50 km/h, auf Landstraßen 90 km/h, auf Schnellstraßen 100 km/h und auf Autobahnen 120 km/h. Die Bußgelder für Geschwindigkeitsübertretungen sind hoch, ebenso die Strafen für Fahren unter Alkoholeinfluss (die Promillegrenze in Spanien liegt bei 0,5).

Autovermietung

Alle gängigen Mietwagenfirmen wie **Avis**, **Europcar**, **Hertz** und **Sixt** sowie einheimische Firmen wie **Spain Car Rental** betreiben an Palmas Flughafen Son Sant Joan einen Schalter. Vergleichen Sie die Angebote und Preise am besten schon vor der Reise. Auch sollte die Buchung eines Mietwagens – vor allem bei Reisen während der Hochsaison – möglichst frühzeitig erfolgen.

Zum Mieten eines Autos müssen Sie Ausweis, Führerschein und eine Kreditkarte vorlegen.

Wenn Sie auch abgelegenere Regionen bereisen wollen, ist das Anmieten eines Navigationsgeräts zu erwägen. Aktuelle Straßenkarten bekommt man an Tankstellen und an Kiosken.

Mietwagen

Avis
🅦 avis.com

Europcar
🅦 europcar.com

Hertz
🅦 hertz.com

Sixt
🅦 sixt.com

Spain Car Rental
🅦 rentspain.com

Tanken

Das Netz an Tankstellen auf Mallorca ist dicht, einige sind jedoch sonntags geschlossen. An Tankstellen werden Sie in der Regel bedient. Es gibt nur wenige Selbstbedienungstankstellen, die rund um die Uhr offen haben. Bedenken Sie, dass Sie in bergigem Gelände mehr Sprit brauchen, tanken Sie unbedingt voll, bevor Sie sich auf eine Tour in die Berge begeben.

Busse

Das mallorquinische Busnetz ist gut ausgebaut, jedoch stark auf Palma ausgerichtet. Von der Inselmetropole erreicht man fast jeden Ort mit einem der modern ausgestatteten Überlandbusse, Querverbindungen zwischen kleineren Orten existieren hingegen kaum. Infos zu Streckennetz, Fahrplänen und -preisen bietet die Website von **Transport de les Illes Balears** (TIB).

Von den Großstädten hat nur Palma ein eigenes städtisches Busnetz, das von der **Empresa Municipal de Transports de Palma** (EMT) organisiert wird.

Zum Sightseeing in Palma eignen sich die Hop-on-Hop-off-Doppeldeckerbusse (www.city-sightseeing.com/tours/spain/palma-de-mallorca.htm).

Empresa Municipal de Transports de Palma
🖵 emtpalma.es
Transport de les Illes Balears
🖵 tib.org

Taxis

In den meisten größeren Orten sind Taxis im Einsatz, insgesamt sind auf Mallorca über 2000 lizenzierte Taxis mit Taxameter unterwegs. Um ein Schwarztaxi zu umgehen, reicht eine einfache Frage nach der Lizenz (*¿Cúal es su número de licencia?*).

Der Taxiverkehr auf Mallorca ist nach Gemeinden organisiert, d. h., ein Taxi aus Palma darf keinen Fahrgast in anderen Gemeinden mitnehmen. Einzige Ausnahme stellt der Flughafen dar, der von Taxis aus allen Gemeinden bedient werden darf.

In der Regel wird nach Taxameter abgerechnet, für längere Touren kann man den Fahrpreis auch aushandeln. Mit Taxis kann man sich auch vom Endpunkt einer Wandertour abholen lassen. Uhrzeit und Treffpunkt sollten bei der Vorbestellung ausgemacht werden.

In Palma gibt es 68 Taxistände *(paradas)*, etwa an der Plaça d'Espanya oder am Passeig Marítim. In den Stoßzeiten kann man Taxis aber auch auf der Straße heranwinken. Und natürlich kann man sie auch telefonisch bestellen.

Je nach Tag und Uhrzeit gibt es in Palma vier verschiedene Tarife. Der aktuelle wird neben der Besetztleuchte auf dem Dach signalisiert. 1 steht für den Nacht- (zwischen 21 und 7 Uhr) und Feiertagstarif (auch Wochenende). Ein Kilometer kostet dann 1,16 Euro. Der Mindestpreis *(bajada de bandera)* beträgt 4,25 Euro. Nummer 2 bedeutet Tagestarif, ein Kilometer kostet 1 Euro. Mindestpreis sind 3,15 Euro. Nummer 3 leuchtet, wenn ein Taxi mit einem Überlandtarif unterwegs ist, dann wird am Tag (6 bis 21 Uhr) ein Mindestpreis

von 3,15 Euro und ein Kilometerpreis von 1,10 Euro angesetzt. Nummer 4 ist der Überlandtarif für die Nacht oder an Feiertagen, der Mindestpreis beträgt vier Euro, der Kilometerpreis 1,26 Euro.

Der Mindestpreis für eine Taxifahrt zwischen dem Flughafen und dem Zentrum von Palma liegt bei 14,30 Euro.

Taxis Palma Radio (Palma)
📞 +34 971 401 414
Radio-Taxi Ciutat (Palma)
📞 +34 971 201 212
Taxi Teléfono (Palma)
📞 +34 971 743 737, 971 744 050

Fahrräder

Mallorca ist ideal für einen Radurlaub. Das Bergland der Serra de Tramuntana bietet für Radsportler viele anspruchsvolle Strecken. Im flacheren Inselinneren kommt man gemütlicher vorwärts. Verleihstellen gibt es in vielen Orten. Neben Fahrrädern (von »normalen« Rädern über Trekking- und Rennräder bis zu Mountain- und E-Bikes) kann man dort auch das benötigte Equipment wie Fahrradhelm und Radtaschen mieten. Eine feste Größe auf Mallorca ist der Radsportexperte **Hürzeler**.

In Palma gibt es zudem das von der Stadtverwaltung betriebene Verleihsystem **Bici-Palma**, das an dem blau-weißen Design gut zu erkennen ist. Hierfür muss man sich auf der Website anmelden (auch auf Deutsch verfügbar) und die Daten seiner Debit- oder Kreditkarte angeben. Dann bekommt man einen Code, mit dem man ein Rad an einer Station ausleihen kann. Die ersten 30 Minuten sind kostenlos, danach werden für jede weitere halbe Stunde 50 Cent fällig, nach zwei Stunden drei Euro pro Stunde. Ein Dreitagesabo kostet neun Euro, eines für fünf Tage zwölf Euro.

BiciPalma
🖵 mobipalma.mobi/es/mobilitat/a-peu-bicicleta/bicipalma
Hürzeler
🖵 huerzeler.com/de

Züge

Die wenigen Bahnverbindungen auf Mallorca werden in erster Linie von Pendlern genutzt.

Eine Ausnahme bildet der »Rote Blitz« genannte Nostalgiezug, der zwischen der Inselhauptstadt Palma und Sóller verkehrt *(siehe S. 125)*. Vom eigenen Bahnhof an Palmas Plaça d'Espanya führt die rund einstündige Fahrt über mehrere Brücken und durch 13 Tunnel.

Von Sóller fährt eine Nostalgietram zum Hafenort Port de Sóller.

Tren de Sóller
🖵 trendesoller.com

PRAKTISCHE
HINWEISE

Ein paar wenige Kenntnisse der lokalen Gegebenheiten genügen – hier finden
Sie die wichtigsten Hinweise und Tipps für Ihren Mallorca-Aufenthalt.

Auf einen Blick

Notrufnummern

Euro-Notruf	Medizinischer Notdienst
112	**061**

Feuerwehr	Polizei
085 **080 (Palma)**	**091**

Zeit
Es gilt die Mitteleuropäische Zeit (MEZ). Sommerzeit: letzter So im März bis letzter So im Oktober.

Leitungswasser
Das Wasser riecht stark nach Chlor und enthält sehr viel Kalk. Also besser kein Leitungswasser trinken.

Trinkgeld

Bedienung	10–15 %
Taxifahrer	5–10 %
Gepäckträger	1 € pro Gepäckstück
Zimmermädchen	1 € pro Tag
Portier	1–2 €

Persönliche Sicherheit

Es empfiehlt sich, vor Reiseantritt eine Reiseversicherung abzuschließen, um finanzielle Schäden – etwa durch Diebstahl oder Verlust von Wertsachen – zu vermeiden. Natürlich sollten Sie auch im Urlaub die übliche Vorsicht walten lassen und ein Auge auf Ihre Sachen haben. Achten Sie jederzeit auf Ihre Handtasche, legen Sie Ihre Brieftasche nie auf den Tisch in einem Café. Wenn Sie einen Verlust oder Diebstahl bemerken, melden Sie ihn sofort der Polizei. Sie erhalten eine schriftliche Anzeige *(denuncia)*, die Sie Ihrer Versicherung vorlegen müssen. Vermissen Sie Pass oder Ausweis, informieren Sie Ihr Konsulat.

Deutsches Konsulat auf Mallorca
Carrer Porto Pi 8, 07015 Palma
📞 +34 971 707 737
🌐 palma.diplo.de
Österreichisches Konsulat auf Mallorca
📍 N1 Avinguda Jaume III 29, 07012 Palma
📞 +34 971 425 146
Schweizer Konsulat auf Mallorca
Carrer Gremi Cirurgians i Barbers 25,
07900 Palma
📞 +34 682 840 471

Gesundheit

Bürger der EU und der Schweiz haben in Spanien Anspruch auf kostenlose Behandlung in staatlichen Krankenhäusern, von denen es auf Mallorca vier gibt. Sie müssen lediglich die Europäische Krankenversicherungskarte (EHIC) vorlegen. Bei schwerer Krankheit oder nach einem Unfall suchen Sie ein Krankenhaus *(hospital)* auf. Nachts ist die Notfallambulanz *(urgencia)* zuständig. Adressen und Öffnungszeiten aller Krankenhäuser und Gesundheitszentren mit Arztpraxen sind auf der Website der Gesundheitsbehörde der Balearen (www.ibsalut.es) zu finden.

Bei kleineren Beschwerden wenden Sie sich an eine Apotheke. Man erkennt sie an einem grünen oder roten Kreuz und der Aufschrift *farmàcia*, manchmal auch *apotecaria*. Die Adressen der Apotheken mit Nacht- oder Wochenenddienst sind an jeder Apotheke vermerkt.

Rauchen, Alkohol und Drogen

Seit 2011 gilt in Spanien das schärfste Antirauchergesetz Europas. So darf in unmittelbarer Nähe von Kindergärten und Spielplätzen, Schulen, Krankenhäusern etc. nicht mehr geraucht werden, auch öffentliche Verkehrsmittel sind Rauchverbotszonen. In Lokalen darf zwar noch auf der Terrasse geraucht werden, aber es gelten detaillierte Auflagen für die Ausstattung. Mallorca will auch ein Rauchverbot an Stränden durchsetzen, an etlichen ist es schon in Kraft.

Seit 2019 gibt es in Palma ein Alkoholverbot auf öffentlichem Gelände. Man darf also keine alkoholischen Getränke mehr aus einem Lokal mit auf die Straße nehmen. Die Stadtregierung will mit groß angelegten Kampagnen Alkohol-Exzessen begegnen.

Der Besitz auch geringer Mengen von Drogen kann zur Verhaftung, der Besitz größerer Mengen zur Strafverfolgung und Verurteilung zu Haftstrafen führen.

Ausweispflicht

Sie müssen auf Mallorca Ihren Ausweis nicht ständig bei sich tragen. Falls die Polizei Ihre Identität überprüfen will, ist es aber sinnvoll, eine Kopie oder einen Scan zeigen zu können.

LGBTQ+

Im Gegensatz zur Nachbarinsel Ibiza geht es auf Mallorca zwar etwas konservativer zu, trotzdem gibt es auch hier ein gutes Angebot für die LGBTQ+ Community.
Ben Amics (LGBTQ+ Dachverband Mallorca)
W benamics.com

Mobiltelefone und WLAN

Alle in Europa gängigen Handys und Smartphones funktionieren auch auf den Balearen ohne Probleme. Seit der Abschaffung der Roaming-Gebühren können EU-Bürger auch überall in Spanien ihr Mobiltelefon ohne zusätzliche Kosten benutzen.

In den letzten Jahren schlossen immer mehr Internet-Cafés, nur in Palma und in touristischen Gebieten gibt es noch einige. In Cafés und Lokalen darf man WLAN bei Verzehr gratis benutzen. Auch fast alle Hotels und Resorts haben WLAN. Öffentliche WLAN-Hotspots gibt es im Zentrum von Palma und in den meisten Ferienorten.

Post

In Palma sind die meisten Postämter werktags bis abends geöffnet, auch das Hauptpostamt. Auf dem Land sind die Öffnungszeiten kürzer (oft Mo – Fr 8:30 – 14:30, Sa 9:30 – 13 Uhr). Briefmarken erhalten Sie in Postämtern, Kiosken oder Hotels. Das Porto für Postkarten und Standardbriefe (20 g) ins europäische Ausland beträgt 1,65 Euro. Sendungen wirft man in einen der gelben Briefkästen. Eine Alternative zur Post sind Kurierdienste wie DHL.

Mehrwertsteuer

Die Mehrwertsteuer in Spanien liegt bei 21 Prozent. Der ermäßigte Steuersatz (10 %) gilt u. a. für medizinische Leistungen, Hotel- und Restaurantrechnungen, ein ermäßigter Satz von vier Prozent für Grundnahrungsmittel und Bücher.

Information und Mallorca Pass

In allen größeren Orten der Insel gibt es ein Tourismusbüro *(Informació turística)*. Hier bekommt man gratis Karten und Broschüren sowie Infos über kulturelle Veranstaltungen. Die meisten Orte verfügen über eine eigene Website.

Mit dem **Mallorca Pass** hat man kostenlosen oder verbilligten Eintritt zu vielen Sehenswürdigkeiten und Museen sowie Rabatte in vielen Restaurants und Läden. Es gibt ihn in mehreren Ausführungen (siehe Website).
Mallorca Pass
W turbopass.de/mallorca-pass

Websites und Apps

W **abc-mallorca.de**
Viele Infos und Tipps für Mallorca
W **visitpalma.com**
Offizielles Tourismusportal Palmas
W **spain.info**
Offizielles spanisches Tourismusportal
App: »Mallorca: Reiseführer Strände«
Strand-Reiseführer von Beach-Inspector
App: »Mallorca RunAway Reiseführer«
Umfassender Reiseführer für Mobilgeräte
App: »MobiPalma«
Infos zu Taxis, Bussen und Fahrrad-Ausleihstationen

REGISTER

Seitenzahlen in **fetter** Schrift verweisen auf Haupteinträge.

Register

SPRACHFÜHRER

Notfälle

Hilfe!	Auxili!	[əwˈksili]
Stopp!	Pareu!	[paˈrew]
Rufen Sie einen Arzt!	Telefoneu un metge!	[tələfuˈnew un ˈmedʒə]
Rufen Sie einen Krankenwagen!	Telefoneu un ambulància!	[tələfuˈnew un əmbuˈlansiə]
Rufen Sie die Polizei!	Telefoneu la policia!	[tələfuˈnew lə puliˈsiə]
Rufen Sie die Feuerwehr!	Telefoneu els bombers!	[tələfuˈnew əl bumˈpes]
Wo ist das nächste Telefon?	On és el teléfon més proper?	[on es əl təˈlɛfun mes pruˈpe]
Wo ist das nächste Krankenhaus?	On és l'hospital més proper?	[on es l'uspiˈtal mes pruˈpe]

Grundwortschatz

Ja	Si	[si]
Nein	No	[no]
Bitte	Si us plau	[si us plaw]
Danke	Gràcies	[ˈgrasiəs]
Entschuldigung	Perdoni / perdó	[pərduˈni / pərdu]
Hallo	Hola	[ˈɔlə]
Auf Wiedersehen	Adéu	[əˈðew]
Gute Nacht	Bona nit	[buˈna nit]
Vormittag	el matí	[əl maˈti]
Nachmittag	la tarda	[lə ˈtardə]
Abend	el vespre	[əl ˈbesprə]
gestern	ahir	[əˈi]
heute	avui	[əˈβuj]
morgen	demà	[daˈma]
hier	aquí	[əˈki]
dort	allà	[əˈʎa]
Was?	Què?	[kɛ]
Wann?	Quan?	[kwan]
Warum?	Per què?	[pər ˈkɛ]
Wo?	On?	[on]

Nützliche Redewendungen

Wie geht es?	Com està?	[kɔm əstˈa]
Danke, gut.	Molt bé, gràcies.	[mol be ˈgrasiəs]
Erfreut, Sie zu sehen.	Molt de gust.	[mol də gust]
Bis bald.	Fins aviat / fins pret	[fins əβiˈat / fins ˈprət]
Das ist gut.	Està bé.	[əstˈa ˈbe]
Wo ist/sind …?	On és/són …?	[on es/son]
Wie weit ist es bis …?	Quants metres / quilòmetres hi ha d'aquí a …?	[kwan ˈmɛtrə / kiˈlɔmɛtrə i a dˈaˈki ə]
Welches ist der Weg nach …?	Per on es va a …?	[pər on es ba ə]
Ich suche …	Cerc …	[ˈsərk]
Sprechen Sie Deutsch?	Parla aleman?	[parˈla ələˈmaɲ]
Ich verstehe nicht.	No l'entenc.	[no l'ənˈten]
Könnten Sie etwas langsamer sprechen?	Pot parlar més a poc a poc?	[pɔt parˈla mes ə pək ə pək]
Tut mir leid.	Ho sento.	[o səntə]
Einverstanden!	D'acord!	[daˈkord]

Nützliche Wörter

groß	gran	[gran]
klein	petit	[pəˈtit]
heiß	calent	[kəˈlen]
kalt	fred	[frɛt]
gut	bo/bé	[bɔ/be]
schlecht	dolent	[duˈlen]
genug	bastant	[bəsˈtan]
geöffnet	obert	[uˈβərt]
geschlossen	tancat	[taɲˈkat]
links	esquerra	[əsˈkɛrə]
rechts	dreta	[ˈdrɛtə]
geradeaus	recte	[ˈrɛktə]
nah	a prop	[ə prɔp]
weit	lluny	[ˈʎuɲ]
auf/über	a dalt	[ə dal]
hinunter/unter	a baix	[ə baʃ]
früh	aviat	[əβiˈat]
spät	tard	[tart]
Eingang	entrada	[ənˈtraðə]
Ausgang	sortida	[surˈtiðə]
Toilette	lavabos/serveis	[ləˈβaβus/sərbɛj]
mehr	més	[mes]
weniger	menys	[ˈmɛɲs]

Shopping

Wie viel kostet das?	Quant costa això?	[kwan ˈkusta əˈʃɔ]
Ich hätte gern …	M'agradaria …	[mˈəɣrəðariə]
Haben Sie …?	Tenen …?	[tɛnən]
Ich schaue mich nur um, danke.	Només estic mirant, gràcies.	[nuˈmes əsˈtik miˈrant ˈgrasiəs]
Akzeptieren Sie Kreditkarten?	Accepten targes de crèdit?	[əkˈsaptən tarʒes də ˈkrɛðit]
Wann öffnen Sie?	A quina hora obren?	[ə ˈkina ɔrə ˈuβrən]
Wann schließen Sie?	A quina hora tanquen?	[ə ˈkina ɔrə taŋkan]
Dies hier.	Aquest	[əˈkɛt]
Das da.	Aquell	[əˈkɛʎ]
teuer	car	[kar]
billig	barat	[bəˈrat]
Größe (Kleidung)	talla/mida	[ˈtaʎə/ˈmiðə]
Größe (Schuhe)	número	[ˈnuməru]
weiß	blanc	[blaŋ]
schwarz	negre	[ˈnɛɣrə]
rot	vermell	[bərˈmɛʎ]
gelb	groc	[grɔk]
grün	verd	[bɛrt]
blau	blau	[blaw]
Antiquitätenladen	antiquari/botiga d'antiguitats	[ənˈtikwari/buˈtiɣə dˈantiɣiˈtat]
Apotheke	la farmàcia	[lə farˈmasiə]
Bäckerei	el forn	[əl forn]
Bank	el banc	[əl baŋ]
Buchhandlung	la llibreria	[lə ʎiβrəˈriə]
Fischgeschäft	la peixateria	[lə pəʃatəˈriə]
Friseur	la perruqueria	[lə pərukəˈriə]
Gemüseladen	la fruiteria	[lə frujtəˈriə]

Konditorei	la pastisseria	[lə pəstisəˈriə]
Lebensmittelgeschäft	la botiga de quevaures	[lə buˈtiɣə də kəˈβiwrəs]
Markt	el mercat	[əl mərˈkat]
Metzgerei	la carnisseria	[lə kərnisəˈriə]
Postamt	l'oficina de correus	[lˈufiˈsina də kuˈrɛw]
Reisebüro	l'agència de viatges	[ləˈʒɛnsia də biˈadʒə]
Schuhgeschäft	la sabateria	[lə səβətəˈriə]
Supermarkt	el supermercat	[əl supərmərˈkat]
Tabakladen	l'estanc	[ləsˈtaŋ]
Zeitungskiosk	el quiosc de premsa	[əl kiˈɔsk də ˈpremsə]

Sehenswürdigkeiten

Bahnhof	l'estació de tren	[lˈəstasiˈo də trɛn]
Bibliothek	la biblioteca	[lə biβliuˈtɛkə]
Busbahnhof	l'estació d'autobusos	[lˈəstasiˈo dˈawtuˈβusəs]
Eintrittskarte	el bitllet	[əl bitˈʎet]
Fremdenverkehrsamt	l'oficina de turisme	[lˈufiˈsina də tuˈrizmə]
Garten	el jardí	[əl ʒərˈdi]
Kathedrale	la catedral	[lə kətəˈðral]
Kirche	l'església/ la basílica	[lˈəzˈglaziə/ lə bəˈzilikə]
Kunstgalerie	la galeria d'art	[lə gələˈriə dˈart]
Museum	el museu	[əl muˈzɛw]
Rathaus	l'ajuntament	[lˈəʒuntəˈmen]
Wegen Ferien geschlossen	Tancat per vacances	[tərˈkat pər bəˈkansəs]

Im Hotel

Haben Sie ein freies Zimmer?	¿Tenen una habitació lliure?	[tɛnən unə əβitasiˈo ˈʎiwrə]
Doppelzimmer mit Doppelbett	habitació doble amb llit de matrimoni	[əβitasiˈo ˈdoblə əm ʎit də mətriˈmɔni]
Doppelzimmer mit zwei Betten	habitació amb dos llits/amb llits individuals	[əβitasiˈo əm dos ʎit/əm ʎit indiˈβiðuˈal]
Einzelzimmer	habitació individual	[əβitasiˈo indiˈβiðuˈal]
Zimmer mit Bad	habitació amb bany	[əβitasiˈo əm baɲ]
Dusche	dutxa	[ˈdutʃə]
Schlüssel	la clau	[lə klaw]
Ich habe reserviert.	Tinc una habitació reservada.	[tink unə əβitasiˈo rəzərˈβaðə]

Im Restaurant

Haben Sie einen Tisch für …?	Tenen taula per …?	[tɛnən ˈtawlə pər]
Ich möchte einen Tisch reservieren.	Voldria reservar una taula.	[bulˈdriə rəzərˈβa unə ˈtawlə]
Die Rechnung, bitte.	El compte, si us plau.	[əl ˈkomtə si us plaw]

Ich bin Vegetarier.	Sóc vegetarià.	[sok bəʒətəriˈa]
Kellnerin	cambrera	[ˈkambrərə]
Kellner	cambrer	[ˈkambrər]
Trinkgeld	la propina	[lə ˈpropina]
Speisekarte	la carta	[lə ˈkartə]
Tagesmenü	menú del día	[məˈnu dəl ˈdiə]
Weinkarte	la carta de vins	[lə ˈkartə də bins]
ein Glas Wasser	un got d'aigua	[un gɔt dˈajγwə]
ein Glas Wein	una copa de vi	[ˈuna ˈkopə də bi]
Flasche	una ampolla	[ˈuna əmˈpoʎə]
Tasse	la tassa	[lə ˈtaˈsa]
Messer	un ganivet	[un gəniˈβet]
Gabel	una forquilla	[ˈuna furˈkiʎə]
Löffel	una cullera	[ˈuna kuˈʎərə]
Frühstück	el esmorzar	[əl əzmurˈza]
Mittagessen	el dinar	[əl diˈna]
Abendessen	el sopar	[əl suˈpa]
Hauptgericht	el primer plat	[əl priˈme plat]
Vorspeise	entremesos	[əntrəˈmɛzus]
Tagesgericht	el plat del día	[əl plat dəl ˈdiə]
Suppe	la sopa	[lə ˈsopa]
Dessert	les postres	[ləs ˈpostrəs]
Saft	el suc	[əl ˈsuk]
Kaffee	el cafè	[əl kəˈfɛ]
blutig	poc fet	[pɔk fet]
medium	al punt	[əl pun]
durchgebraten	molt fet	[mol fet]

Auf der Speisekarte

l'aigua mineral	[lˈajγwə minəˈral]	Mineralwasser
sense gas/amb gas	[ˈsensə gas/əm gas]	still/sprudelnd
al forn	[əl forn]	gebacken
l'all	[lˈaʎ]	Knoblauch
l'arròs	[lˈəˈrɔs]	Reis
la botifarra	[butiˈfarə]	Wurst
la carn	[lə karn]	Fleisch
la ceba	[lə ˈsɛβə]	Zwiebel
la cervesa	[lə sərˈbɛzə]	Bier
l'embotit	[lˈəmbuˈtit]	kalter Braten
el filet	[əl fiˈlet]	Filet
el formatge	[əl furˈmadʒə]	Käse
fregit	[frəˈʒit]	gebraten
la fruita	[lə ˈfrujtə]	Obst
els fruits secs	[əls frujt sɛk]	Nüsse
la gamba	[lə ˈgambə]	Garnele
el gelat	[əl ʒəˈlat]	Eiscreme
la llagosta	[lə ʎəˈɣostə]	Hummer
la llet	[lə ʎat]	Milch
la llimona	[lə ʎiˈmonə]	Zitrone
la llimonada	[lə ʎimuˈnaðə]	Limonade
la mantega	[lə mənˈtɛɣə]	Butter
el marisc	[əl məˈrisk]	Meeresfrüchte
la nata	[ˈnatə]	Sahne
l'oli	[lˈɔli]	Öl
la oliva	[lə uˈliβə]	Oliven
l'ou	[lˈɔw]	Eier
el pa	[əl pa]	Brot
el pastís	[əl pasˈtis]	Kuchen
les patates	[les pəˈtatəs]	Kartoffeln
el pebre	[əl ˈpɛβrə]	Paprika
el peix	[əl peʃ]	Fisch

el pernil salat serrà	[əl pər'nil sə'lat sɛrə]	roher Schinken
el plàtan	[əl 'platən]	Banane
el pollastre	[əl pu'ʎastrə]	Hühnchen
la poma	[lə 'pomə]	Apfel
el porc	[əl pɔrk]	Schwein
les postres	[les 'pɔstrəs]	Desserts
rostit	[rus'tit]	gegrillt
la sal	[lə sal]	Salz
la salsa	[lə 'salsə]	Sauce
la salsitxa	[lə sal'sitʃə]	Würstchen
sec	[sɛk]	getrocknet
la sopa	[lə 'sopə]	Suppe
el sucre	[əl 'sukrə]	Zucker
la taronja	[lə tə'rɔnʒə]	Orange
el te	[əl tɛ]	Tee
la torrada	[lə tu'aðə]	Toast
la vedella	[lə bə'ðeʎə]	Rindfleisch
el vi blanc	[əl bi blaŋ]	Weißwein
el vi negre	[əl bi 'nɛɣrə]	Rotwein
el vi rosat	[əl bi ru'zat]	Roséwein
el vinagre	[əl bi'nayrə]	Essig
el xai/el be	[əl ʃaj/əl bɛ]	Lamm
el xerès	[əl ʃə'rɛs]	Sherry
la xocolata	[lə ʃuku'latə]	Schokolade
el xoriço	[əl ʃu'risu]	scharfe Wurst

Zahlen

0	zero	['zɛɾu]
1	un (mask.)	[un/una]
	una (fem.)	
2	dos (mask.)	[dos/dues]
	dues (fem.)	
3	tres	[trɛs]
4	quatre	['kwatrə]
5	cinc	[siŋ]
6	sis	[sis]
7	set	[sɛt]
8	vuit	[bujt]
9	nou	[nɔw]
10	deu	[dɛw]
11	onze	['onzə]
12	dotze	['dodzə]
13	tretze	['tredzə]
14	catorze	[kə'tɔrzə]
15	quinze	['kinzə]
16	setze	['sɛdzə]
17	disset	[di'set]
18	divuit	[di'bujt]
19	dinou	[di'nɔw]
20	vint	[bin]
21	vint-i-u	[bin-i-u]
22	vint-i-dos	[bin-i-dos]
30	trenta	[trɛntə]
31	trenta-un	[trɛntə-un]
40	quaranta	[kwə'rantə]
50	cinquanta	[siŋ'kwantə]

60	seixanta	[sə'ʃantə]
70	setanta	[sə'tantə]
80	vuitanta	[bujtantə]
90	noranta	[nu'rantə]
100	cent	[sen]
101	cent un	[sen un]
102	cent dos	[sen dos]
200	dos-cents (mask.)	[dos-sents
	dues-centes (fem.)	dues-sents]
300	tres-cents	[trɛs-sents]
400	quatre-cents	['kwatrə-sents]
500	cinc-cents	[siŋ-sents]
600	sis-cents	[sis-sents]
700	set-cents	[sɛt-sents]
800	vuit-cents	[bujt-sents]
900	nou-cents	[nɔw-sents]
1000	mil	[mil]
1001	mil un	[mil un]
erste/-r	primer/-a	[pri'mər/-a]
zweite/-r	segon/-a	[sə'gon/-a]
dritte/-r	tercer/-a	[ter'ʒer/-a]
vierte/-r	quart/-a	['kart/-a]
fünfte/-r	cinque/cinquena	[siŋ'ka/siŋ'kena]
sechste/-r	segon/-a	[sə'gon/-a]
siebte/-r	setè/setena	[se'té/se'téna]
achte/-r	vuitè/vuitena	[buj'té/buj'tana]
neunte/-r	novè/novena	[no'wé/no'wena]
zehnte/-r	desè/desena	[də'sé/də'sena]

Zeit

eine Minute	un minut	[un mi'nut]
eine Stunde	una hora	[una 'ɔrə]
halbe Stunde	mitja hora	[mid'ʒa 'ɔrə]
ein Tag	un dia	[un 'dia]
ein Monat	un mes	[un məs]
ein Jahr	un any	[un anʎ]
ein Jahrhundert	un segle	[un səgl]
Montag	dilluns	[di'ʎuns]
Dienstag	dimarts	[di'mars]
Mittwoch	dimecres	[di'mekrəs]
Donnerstag	dijous	[di'ʒows]
Freitag	divendres	[di'βendrəs]
Samstag	dissabte	[di'saptə]
Sonntag	diumenge	[diw'menʒə]
Januar	gener	[ʎe'nər]
Februar	febrer	[fe'brər]
März	març	['marʒ]
April	april	['april]
Mai	maig	[maiʒ]
Juni	juny	[ʎuni]
Juli	juliol	[ʎuli'ol]
August	agost	[agost]
September	setembre	[sə'tambre]
Oktober	octubre	[octubre]
November	novembre	[no'vambre]
Dezember	desembre	[de'ʒembre]

MALLORCA IN LITERATUR UND FILM

Literatur

Mallorca ist nicht nur ein beliebter Ferienort, sondern auch eine Inspirationsquelle für Filmemacher und Schriftsteller. Das erste berühmte Werk über Mallorca und seine Bewohner schrieb 1839 die französische Autorin George Sand, die mit Frédéric Chopin einige Zeit auf Mallorca verbrachte. *Ein Winter auf Mallorca* zeichnet allerdings ein etwas düsteres Bild von der Insel. Einen fröhlicheren Einblick erhält man in *Mallorca – Die Insel der Ruhe* (1912) des katalanischen Künstlers Santiago Rusiñol. Es ist zugleich eines der meistgelesenen Werke über Mallorca. Wer sich der Literatur Mallorcas einmal anders nähern möchte, dem sei die App »Walking on Words« empfohlen. Sie nutzt Augmented Reality und führt auf verschiedenen Spaziergängen durch die Literaturgeschichte Mallorcas.

Bedeutende Schriftsteller

Ramon Llull (1232–1316): *Blanquerna* erzählt die Geschichte eines Mönchs, der Papst wird und schließlich als Einsiedler lebt. Llull gilt als Begründer der katalanischen Literatur.

Miquel Costa i Llobera (1854–1922): *El Pi de Formentor* ist eines der berühmtesten Gedichte aus dem Band *Poesies* von 1885.

Llorenç Villalonga (1897–1980): *Das Puppenkabinett des Senyor Bearn* beschreibt ein verlorenes Paradies und das Ende der Aristokratie Mallorcas.

Baltasar Porcel (1937–2006): *Verstorbene unter blühenden Mandelbäumen* ist eine Sammlung skurriler Anekdoten aus Andratx.

Allgemeine Porträts

Ludwig Salvator: *Die Balearen. Geschildert in Wort und Bild, Volume 1–2* (1897) ist das erste mehrbändige Werk zur Landeskunde Mallorcas.

Stefan Keller: *Papa ante Palma. Mallorca für Fortgeschrittene* (2011) erzählt humorvoll, aber auch tiefsinnig vom Leben als Aussteigerfamilie.

Robert Graves: *Geschichten aus dem anderen Mallorca* (2012) skizziert mit wohlwollender Ironie und subtilem Humor die mallorquinischen Lebensverhältnisse zur Zeit des Autors.

Geschichte und Kultur

Janis Mink: *Joan Miró* (2009) beschreibt Leben und Wirken des berühmten Malers, der jahrelang auf Mallorca lebte.

Thomas Freller: *Die Geschichte Mallorcas* (2013) vermittelt eine umfangreiche historische Darstellung der Insel.

Antony Beevor: *Der spanische Bürgerkrieg 1936–1939* (2016) erzählt die Geschichte des spanischen Bürgerkriegs und seiner Folgen aus der Perspektive des 21. Jahrhunderts.

Romane und Krimis

Agatha Christie: *Eine mörderische Teerunde* (1991) ist eine Krimi-Kurzgeschichtensammlung mit Inspirationen aus Agatha Christies Aufenthalt auf Mallorca.

Roderic Jeffries: *Labyrinth der Leichen* (1998) behandelt einen Fall des Inspektors Alvarez auf Mallorca. Alles beginnt mit dem Tod auf einem Motorboot.

Michael Böckler: *Sturm über Mallorca* (1999) handelt von einem deutschen Wirtschaftskriminellen, der auf Mallorca untertauchen will. Das Buch ist eine Mischung aus Roman und Reiseführer.

Peter Kerr: *Im Tal der Orangen* (2000) ist der Beginn einer Serie, die mit Augenzwinkern von den unerwarteten Freuden und Leiden eines Aussteigers berichtet.

Carme Riera: *Ins fernste Blau* (2000) erzählt von der Verfolgung mallorquinischer Juden im 17. Jahrhundert.

Antònia Vicens: *39 Grad im Schatten* (2001) zeigt die Schattenseiten des aufkommenden Tourismus auf Mallorca in den 1960er Jahren.

Maria de la Pau Janer: *Im Garten der Finka* (2002) beschreibt eine mysteriöse Familien- und Liebesgeschichte, welche drei Generationen in Atem hält.

Wilhelm R. Frieling: *Marsmenschen auf Malle* (2008) erzählt in der Tradition von Robert Graves satirische Geschichten aus Mallorca.

Kinder- und Jugendbücher

Christof Heil: *Der Zauber der Zypressen. Märchen und Mythen aus Mallorca* (1992) ist eine interessante Sammlung von 18 Märchen und Mythen aus Mallorca, ergänzt durch Illustrationen.

Britta Benke: *Wer ist eigentlich dieser Miró? Kinder entdecken Kunst* (2006) ist ein Buch, das kleine Leser ab sechs Jahren in die bunte Welt Mirós mitnimmt – mit vielen Anregungen zum Selbermachen.

Dagmar Chidolue: *Millie auf Mallorca* (2012) erzählt von den lustigen Tücken einer Familienreise nach Mallorca. Für Kinder von sechs bis acht Jahren.

Filme

Mallorca erfreut sich als Drehort international steigender Beliebtheit. Seit über 100 Jahren dient die Insel als Kulisse für Spielfilme, TV-Produktionen und Werbespots. Zu den bekanntesten auf Mallorca spielenden Filmen gehört die Verfilmung des gleichnamigen Krimis *Das Böse unter der Sonne* (1982) von Agatha Christie. Schlagzeilen machte *Cloud Atlas* (2012) – der bis dahin mit Abstand teuerste deutsche Film.

Sindbads siebte Reise (1958) ist ein Abenteuerfilm mit damals beeindruckenden Spezialeffekten von Ray Harryhausen. Er wurde großteils auf Mallorca gedreht.

Das Böse unter der Sonne (1982) ist ein hochkarätig besetzter Krimi von Agatha Christie u. a. mit Sir Peter Ustinov, Jane Birkin, Diana Rigg und Colin Blakely.

Die Putzfraueninsel (1996) erzählt vom Leben der Putzfrau Irma, die die eingesperrte Schwiegermutter ihrer Auftraggeberin entdeckt. Sie planen gemeinsam Rache und landen schließlich auf der »Putzfraueninsel« Mallorca.

Tödliches Rendezvous – die Spur führt nach Palma (2002) ist ein Thriller von Wolf Gremm über einen Starfotografen, der einem Mädchenhändlerring auf Mallorca auf der Spur zu sein glaubt.

Cloud Atlas (2012) ist die Verfilmung des Romans *Wolkenatlas* von David Mitchell unter der Regie von Lana und Lilly Wachowski und Tom Tykwer. Der Film behandelt sechs miteinander verbundene Schicksale über einen Zeitraum von mehreren 100 Jahren. Drehort war Port de Sóller.

Mad Dogs (2016) ist eine Serie über vier alte Freunde mittleren Alters, die gemeinsam auf Mallorca Urlaub machen, als alles eskaliert.

DANKSAGUNG

Dorling Kindersley bedankt sich bei allen, die bei der Entstehung dieses Buchs mitgewirkt haben.

BILDNACHWEIS

o = oben, m = Mitte, u = unten, l = links, r = rechts.

123RF.com: romasph 12o; shaunwilkinson 18 – 19mlu.
Agapanto Port de Sóller: 134ur.
Agència de Turisme de les Illes Balears: 8ml, 42 – 43, 44 – 45m.
Bruschke, Gerhard: 5, 16ol, 31ul, 31ur, 68ol, 76 – 77, 81ol, 81or, 82o, 82mr, 82ur, 92ul, 93ol, 93ur, 94or, 97ol, 147mr, 147ul, 160ol, 161 (alle Fotos), 164ol, 164ur, 165o, 169 (alle Fotos), 173 mr.
Ca'n Pintxo: 134or, 134ul.
Cassai Gran Café & Restaurant: 172or, 172 ul.
Consell de Mallorca: 153ol.
Cuevas del Drach: 35ur.
DaiCa Restaurant Llubí: 154ul.
Dorling Kindersley: Bartlomiej Zaranek 125ml; Christopher Pillitz 55ul; Clive Streeter 49or; Colin Sinclair 24mr, 74ul, 82ml, 87u, 101mr; Craig Knowles 55mr; Dave King 80ul; David Peart 170ml; Joe Cornish 147ml, 165ur; Neil Fletcher 99ml 99m; Paul Kenward 28ml; Pawel Wojcik 153mr; Ruth Jenkinson 54ul; Stuart West 48u; Tamara Thiessen 45ol; Tony Souter 165ul; Will Heap 46 – 47.
Dreamstime.com: Aldorado10 16ul, 106 – 107, 121u, 171ur; Allard1 8 – 9, 72 – 73; Amoklv 101mlu; Anna Lurye 11mr, 123ur; Arkadij Schell 69or, 166 – 167; Artesiawells 59mlo, 69ol, 113ur, 150ul, 151mru, 151u, 152o; Balakate 174 – 175; Blur 155mru; Blurf 13ur, 62ol, 151mlo; Arkadi Bojarinov 18ol; David Knibbs 168o; Davidwind 19or, 120o; Dmitri Maruta 2 – 3, 132u; Dudlajzov 34 – 35o, 163ur, 163mlo, 163mru, 163ul; Elisei Shafer 99mr; Fluffthecat 34ml; Fotoandvideo 111mro, 122u, 124u, 133mlu, 168u; Fotoping 133u; Galina Samoylovich 69mro; Ginasanders 91o; Giuseppemasci 28ul; H368k742 29mr; Harryfn 8mlu; Inge Hogenbijl 13or, 58mlu; Janwowra 133mru; Javier Rodriguez 170or; Jeannemmel 59or; Joe Sohm 160or; Johannes Mayer 145ul; Juan Moyano 64 – 65, 87ol; Kawa13 67mlo, 97u, 121ml; Kevin Eanes 118 – 119; Krajinar 121mr; Lunamarina 8mlo, 20 – 21, 67or, 146; Mafin76 56 – 57; Marius Dorin Balate 125mr, 132o; Markusbeck 19ml; Martin Hatch 58mlu; MG_Photography 50mlu; Nemesio Jimnez Jimnez 131mru; Nikolay Denisov 117o, 120ur; Oleg07871 151mlu; Paolo Giovanni Trovo 59u; Peter Shaw 145ur; Philippe Demande 116ul; Pixelliebe 6 – 7; Plotnikov 133mlo; Puri Martínez 94ul; Romasph 100l; Ronstik 12 – 13um; Saaaaa 10ul, 32 – 33; Simondannhauer 145mru; Thomas Fehr 58mlo; Tomasz Banaczek 95ur; Xantana 88 – 89; Vampy1 10 – 11u, 95or, 130or, Ventura69 165mlu.
Finca Es Serral: 154ur.
Getty Images / iStock: aga7ta 39mro; Alex 120mlu, 150o; AlexanderNikiforov 145mlo; Anna Lurye 123; Cavan Images 39ul; cinoby 17o, 136 – 137; clu 67mlu; elvirkin 98o; grebeshkovmaxim 70ul; Joaquin Ossorio-Castillo 66ur; JohanSjolander 67ol; Julen Arabaolaza 44mlo; Laura M 50ur; liangpv 70mlu; Lunamarina 41ol; marik99 62or; Martin Wahlborg 148 – 149; MKCinamatography 113m; Peter Shaw 113ul; S. Greg Panosian 67um; skynesher / E+ 40mlu; stocknshares 50mlo; trabantos 35ml, 66o, 152u; Vladislav Zolotov 100mru; wiesdie 122o; Wirestock 4; Zloyel 69um.
Hotel Almudaina Palma: 84o.
Hotel Can Alomar Palma: 84ur.
Hotel Es Princep Palma: 85u.
Hotel La Reserva Rotana Manacor: 141m, 154ol.
Hotel Nakar Palma: 85ml.
IB Ballooning Mallorca: 140or.
Jazz Voyeur Club: 103ul, 103ur.
Lottusse: 155m.
Mercat de l'Olivar Palma: Jose Ramos de Zumbs 13mr, 105 or.
Mercat de Santa Catalina Palma: 80ol, 80or.
Mero Diving: 140ul.
Puro Hotel Palma: 105ml.
Rialto Living: 81ul, 104u.
Roß, Jürgen: 11or, 12ul, 17ul, 18 – 19o, 24ml, 25or, 25ml, 25mr, 38 (alle Fotos), 38 – 39m, 39ol, 39mr, 44ul, 45mr, 54 – 55m, 111ul, 112 (beide Fotos), 114ul, 115ul, 115ur, 124o,

126 – 127, 128 (beide Fotos), 135ml, 135ur, 142ur, 144o, 145ml, 153ol, 156 – 157, 160ul, 162u.
Son Bauló Cultura & Culina: 141ul.
Tast Avenidas Palma: 103or.
Tast Unión Palma: 102u.
Torrent de Pareis: 129 (alle Fotos).
Trespais Port d'Andratx: 134or.

Extrakarte
Dreamstime.com: Dawid Kalisinski. ,
Umschlag
Vorderseite und Buchrücken: **Dreamstime.com:** Dawid Kalisinski. *Rückseite:* **Dreamstime.com:** Marius Dorin Balate o; Jürgen Roß: l; Tourismusinformation Mallorca m.

Alle anderen Bilder © Dorling Kindersley.
Weitere Informationen unter **www.dkimages.com**

Penguin Random House

www.dk-verlag.de

Produktion DK Verlag GmbH, München
Verlagsleitung Monika Schlitzer, DK Verlag
Programmleitung Heike Faßbender, DK Verlag
Redaktionsleitung Stefanie Franz, DK Verlag
Herstellungskoordination Antonia Wiesmeier, DK Verlag

Text Gerhard Bruschke, Dr. Gabriele Rupp, München
Illustrationen Michał Burkiewicz, Maltings Partnership, Bohdan Wróblewski, Monika Żylinska
Kartografie Mohammad Hassan, Suresh Kumar, Animesh Kumar Pathak, DK India
Gestaltung und Umschlag Ute Berretz, München
Redaktion Gerhard Bruschke, München
Schlussredaktion Philip Anton, Köln
Satz und Produktion Foshan Nanhai Xingfa Printing Co. Ltd., China

© 2022 Dorling Kindersley Verlag GmbH, München
Zuerst erschienen 2017 in Deutschland
bei Dorling Kindersley Verlag GmbH, München
A Penguin Random House Company

Aktualisierte Neuauflage 2023 / 2024

ISBN 978-3-7342-0707-5
3 4 5 6 7 25 24 23 22

MIX
Papier aus verantwortungsvollen Quellen
FSC
www.fsc.org
FSC® C158492

DK Vis-à-Vis

Vis-à-Vis-Reiseführer

#dkvisavis

www.dk-verlag.de

   /dkverlag